Spielhallen und Wettbüros
-
die „schwarzen Schafe" der Stadtkultur

© 2025 Jürgen Schwark
Verlag: BoD · Books on Demand GmbH,
Überseering 33,
22297 Hamburg,
bod@bod.de
ISBN: 978-3-7693-5032-6

Druck: Libri Plureos GmbH, Friedensallee 273, 22763 Hamburg

Bibliografische Information der Deutschen Nationalbibliothek: Die
Deutsche Nationalbibliothek verzeichnet diese Publikation in der
Deutschen Nationalbibliografie; detaillierte bibliografische Daten
sind im Internet über dnb.dnb.de abrufbar. Die automatisierte Analyse des Werkes, um daraus Informationen insbesondere über Muster,
Trends und Korrelationen gemäß §44b UrhG („Text und Data Mining")
zu gewinnen, ist untersagt.

Titelbild/Collage: Jürgen Schwark

Texte zur kommunalen Freizeit und Sportkultur

herausgegeben von
Jürgen Schwark

Band 10

Spielhallen und Wettbüros

-

die „schwarzen Schafe" der Stadtkultur

Jürgen Schwark – Pascal Thurm – Nico da Cruz

Inhaltverzeichnis

Abbildungen

Grafiken

Tabellen

Einleitung

Im Spiel lösen wir uns von der Ernstwelt. Das Spiel eröffnet mit seinen ausgedachten Vorgaben und unvorhersehbaren Abläufen Spannung und Entspannung. Im Gegensatz zur endlosen, unfertigen Arbeit des Sisyphos erzeugt das Spiel immer ein Ergebnis. Um die Spannung auf den ungewissen Ausgang zu erhöhen, können AkteurInnen und ZuschauerInnen auf das Ergebnis wetten.[1] Bei gleichwertigen SpielerInnen und SportlerInnen oder einem vollkommen auf Zufall basierenden Spiel halten sich Gewinne und Verluste die Waage. Soweit so gut und abstrakt!

Spiel und Wette sind konkret eingebunden in gesellschaftliche Verhältnisse. Aus privaten Handlungen im familiären und freundschaftlichen Umfeld wurde zusätzlich eine Ware. Eine Wirtschaftsbranche hat daraus ein Geschäftsmodell mit Milliardenumsätzen entwickelt. Die kulturelle Bewertung erfolgt zumeist oberflächlich und unterliegt doppelten moralischen Standards. Spielcasinos und Galopprennbahnen mit ihrem überwiegend chic gekleideten bürgerlichen Publikum werden traditionell als Attraktionen und Anziehungspunkte im Stadtmarketing verstanden. Spielhallen und Wettbüros sind demgegenüber die „schwarzen Schafe" der Stadtkultur.

Obwohl allen gesellschaftlichen Schichten Gewinnspiele nicht fremd sind, so missbilligen doch etwa ein Drittel der Bevölkerung diese Praxis. Insbesondere die Verheißung auf einen leistungslos zugefallenen Gewinn stößt dabei auf Ablehnung.

---

[1] Der Text wurde in genderneutraler Schreibweise verfasst, wo Personen direkt gemeint und angesprochen sind (z.B. SpielerIn, AnwohnerIn), nicht aber dort, wo ein abstrakter bzw. organisationsspezifischer Kontext vorliegt (z.B. Spieleranzahl, Automatenaufsteller).

Beide Angebotsformen, Gewinnspiele und Wetten, können Ablenkung, Spannung und Freude einerseits, als auch andererseits Flucht, innere Leere und Abhängigkeit befördern.

Ausgangspunkt der vorliegenden Publikation ist ein Projekt an der Westfälischen Hochschule am Standort Bocholt im Fachbereich Wirtschaft im Wintersemester 2024/25 gewesen. Wie in zahlreichen Projekten zuvor, konzentrierte sich das Untersuchungsgebiet, angesichts der räumlichen Nähe, auf den Kreis Borken (exemplarisch siehe Schwark 2021). Umfang und Struktur der Spielhallen und Wettbüros der Städte Ahaus, Bocholt, Borken, Gronau, Stadtlohn und Vreden wurden dazu in den Fokus genommen. Bocholt und Gronau hatten zur Thematik bereits die Erarbeitung von Vergnügungsstättenkonzepten bei einem Stadt- und Regionalentwicklungsbüro in Auftrag gegeben (Acocella 2011, 2015, 2021). Spätestens seit dem Glücksspielstaatsvertrag aus dem Jahr 2021 und der damit verbundenen Öffnung für das Online-Spielen und Wetten haben sich die Bedingungen für die stationären Anbieter verändert und erschwert.

Bestandteile des Projektes bildeten historische, soziologische und ökonomische Einstiege in die Gesamtthematik, Interviews mit Vertretern der jeweiligen Stadtverwaltungen, der Gang „ins Feld" mit Fotos und Beschreibungen der insgesamt 38 Spielhallen und Wettbüros sowie eine Zusammenfassung der Ergebnisse und ein Ausblick auf mögliche Perspektiven.

Das hochschulische Projekt und der damit verbundene Text sind ausschließlich mit eigenen Mitteln erstellt worden. Bewusst wurde auf eine Fremdfinanzierung verzichtet, um sich angesichts der durchaus brisanten Thematik keiner externen „Erwartungshaltung" auszusetzen.

1 „Die Würfel sind gefallen" Glücksspiel und Wetten – ein historischer Abriss

Mit einem entwickelten Grad an Naturbeherrschung und damit verbundener langfristiger Lebensabsicherung war es Menschen überhaupt erst möglich, ein höheres und ausdifferenziertes Niveau an verschiedenen Kulturpraktiken zu entwickeln. Diese Praktiken betrafen (u.a.) die Bereiche des Spiels, der Bewegungskultur, Musik, Malerei oder der Sprache. Die „überschüssige" Zeit, welche nicht mehr unmittelbar in Tätigkeiten existentieller Reproduktion verwendet werden musste, konnte somit Kultur erst befördern und tradieren. In hierarchischen Gesellschaften war der Zugang zur Kultur von der sozialen Zugehörigkeit abhängig. Beispielsweise teilte sich im antiken Athen die Bevölkerung der Stadt in etwa zehn Prozent Bürger und neunzig Prozent Sklaven auf.

Dennoch war das Spiel, ob kleinräumig auf Fingerfertigkeit ausgerichtet, oder großräumig mit ausladenden Bewegungen, immer Bestandteil aller Gesellschaftsschichten. Spielen und Bewegen sind (neben weiteren kulturellen Aktivitäten) quasi die phylogenetische Grundausstattung des Gattungswesens Mensch und dies weltweit verbreitet.[2]

Grundlegend zum Spiel haben sich bereits vor geraumer Zeit Huizinga (1938), Caillois (1958) sowie Sutton-Smith (1971, 1997) theoretisch geäußert sowie Charakteristika und Abgrenzungen begründet. Tabelle 1 zeigt einen Vergleich der zentralen Elemente, die für Spiele charakteristisch oder unverzichtbar sind. An dieser Stelle kann jedoch keine umfassende Diskussion über die Theorie des Spiels geführt werden. Über die Po-

---

[2] Schütze 2023, S. 15f gibt eine kurze historische Übersicht zu Erlaubnissen und Verboten von Glücksspielen.

tentialität und Restriktionen von Automatenspielen wird nachfolgend noch einzugehen sein.

Tabelle 1: Charakteristika von Spielen

Johan Huizinga	Roger Caillois	Roger Caillois	Brian Sutton-Smith
freiwillig	freiwillig	Agon	Fortschritt
abgegrenzt	abgetrennt	Alea	Schicksal
geregelt	ungewiss	Mimicry	Macht
zweckfrei	unproduktiv	Ilinx	Identität
spaßorientiert	geregelt		Fantasie
kulturbildend	fiktiv		Selbstzweck
ernsthaft			Frivolität
kreativ			

Quellen: siehe Huizinga 1981 (1938), Caillois 2017 (1958), Sutton-Smith 1971, 1997

Ein historischer Blick auf das Verhältnis zwischen Obrigkeit und Untertanen kommt zu dem Befund, dass Würfelspiele bereits vor über 2.000 Jahren verboten wurden und Festen (Kirmes, Karneval etc.) eine Ventil- und damit Selbstschutzfunktion zukam. Die volkstümlichen Bewegungsspiele hatten nur wenige Regeln, wurden teilweise recht unbeherrscht ausgetragen sowie von Gewaltexzessen begleitet. „Obwohl die Obrigkeit glaubte, das Fußballspiel nicht tolerieren zu können, blieb es, - trotz Knochenbrüchen und blutiger Nasen – jahrhundertelang vielerorts ein beliebtes Volksvergnügen." (Elias; Dunning 1982, S. 87) Insbesondere verärgerten den herrschenden Adel und Klerus vor allem die zahlreichen Verletzungen und Arbeitsausfälle, so dass bereits im Jahr 1365 (in England) ein Verbot ausgesprochen wurde. Befolgt wurde das Verbot kaum und so wurden in unregelmäßigen Abständen die Anordnungen über die Jahrhunderte immer wieder erneuert.

Die Verbote betrafen nicht alle Ausprägungen der Bewegung und des Spiels. Eine Unterscheidung fand in funktional-wehrhafte und unnütz-schädliche Praktiken statt. Die angedrohten Sanktionen können aus heutiger Sicht nur als drakonisch interpretiert werden: „An die Ordnungshüter von London: Befehl einer allgemeinen Bekanntmachung, dass jeder körperlich taugliche Mann besagter Stadt an Festtagen, wenn er Muße hat, sich im Gebrauch von Pfeil und Bogen, Wurfkugeln und Bolzen üben soll... Es ist ihnen bei Strafe der Einkerkerung verboten, sich am Steinschleudern, Holzscheit- und Wurfringspiel, Handball, Fußball, ...oder anderen unnützen, wertlosen Spielen zu beteiligen ...". (Elias; Dunning 1982, S. 86)

Begleitende Unterstützung erhielten die irdischen, zumeist aus ökonomischen Überlegungen erlassenen Verbote zusätzlich durch höhere Weihen. Im Gegensatz zur regelmäßig angewendeten katholischen Trias Beichte – Buße – Absolution, mussten die Mitglieder der evangelischen Kirche lebenslang ihre Pflicht und Treue vor „Gottes Blicken" erfüllen. Eine derartige Last konnte nur durch die glaubhafte Erzählung eines Lebens nach dem Tod vermittelt werden, welches, je nach beurteiltem Verhalten, in der „Hölle" oder im Paradies des „Himmels", als Bestrafung oder Erfüllung stattfand.[3] Für die Katholiken „existierte" zumindest noch als vorübergehende Ersatzbank das so genannte „Fegefeuer" als Bewährungsinstanz, indem die irdischen Sündenstrafen abzubüßen waren.

Luther äußerte sich über Arbeit und Beruf demzufolge ebenfalls in deutlicher Weise: "Es ist die größte Versuchung, dass

---

[3] Siehe auch vergleichbar auch Zeltner (2019, S. 95) und seinen Hinweis auf die kritische Haltung der Kirche zum Glücksspiel.

niemand seinen Beruf treulich erfüllt, sondern alle sich der Muße ergeben wollen." Und weiter: „Denn Gott will keine faulen Müßiggänger haben, sondern man soll treulich und fleißig arbeiten, ein jeglicher nach seinem Beruf und Amt..." Eine Generation später formulierte Calvin die protestantisch-asketische Erwartungshaltung noch drastischer: "Wenn wir nur unserem Beruf gehorchen, so wird kein Werk so unansehnlich und gering sein, dass es nicht vor Gott bestehen und für sehr köstlich gehalten würde. Unsere Arbeit, unser Broterwerb ist Gottesdienst und heilig. Müßiggang und Prasserei sind es, die die Menschen verderben. Darum arbeitet fleißig und lebt bescheiden, meidet Rausch, Tanz und Spiel. Das sind die Versuchungen des Teufels."

Den Gemälden von Pieter Breugel dem Älteren aus der Zeit des 16. Jahrhunderts ist jedoch in den Darstellungen der Alltagskultur Gegenteiliges zu entnehmen. Kinder wurden im bäuerlichen Arbeitskontext, je nach körperlichem Entwicklungsstand, von Anbeginn einbezogen. Erziehung und Bildung zielten vorwiegend auf Gottesfürchtigkeit ab. Das heutige, immer noch existente, bürgerliche Ideal der Kleinfamilie, die abends im familiären Kreis in Gemeinschaft zusammen spielt, existierte damals nicht. Zudem galten Mädchen bereits mit 12 Jahren und Jungen mit 14 Jahren als Erwachsene.

Das Bild „Kinderspiele" aus dem Jahr 1560 von Breugel, beinhaltet die Szene eines Knöchelchen Spiels, ähnlich dem Würfelspiel. Soweit an den Sonn- und Festtagen Zeit und Muße außerhalb kirchlicher Einflussnahme verblieb, waren zumindest für Kinder die damaligen Ausprägungen von Spielen, die auf Zufall gründeten, geduldet.

Ein Jahr zuvor, 1559, fügte Breugel auf seinem Gemälde „Der Kampf zwischen Karneval und Fasten" zwei Paare ein, die jeweils auf ein Würfelspiel konzentriert sind. Zu den

Ausschweifungen des Karnevals zählten die Maßlosigkeiten des Essens und Trinkens sowie weitere sinnlich-vitale Praktiken. Hinzu gesellten sich ebenfalls Spiele, die weniger mit Geschick und Können der Akteure verbunden waren, sondern auf Zufallserfolg basierten, was von Erwachsenen üblicherweise mit Geldeinsatz verbunden wurde. Auffällig an allen vier Akteuren sind die kaum erkennbaren Gesichter, welche mit Mützen oder Kapuzen verdeckt sind. Als eine Interpretation bietet sich die Furcht vor dem Erkannt- und Denunziertwerden an, mit anschließend drohender Sanktionierung.

Abb. 1: Bildausschnitt aus „Kinderspiele" von Pieter Breugel der Ältere, 1560

Abb. 2: Bildausschnitte aus „Der Kampf zwischen Karneval und Fasten" von Pieter Breugel der Ältere, 1559

Insbesondere die protestantisch-asketische Ausprägung christlicher Religion mit ihren Elementen einer bereits methodischen Lebensführung erwies sich im weiteren Zeitverlauf als Steigbügelhalter für den sich anbahnenden industriellen Kapitalismus, der zwar nicht durch das protestantische Arbeitsethos begründet, gleichwohl aber befördert wurde. Der Gewinn diente dem Unternehmer nicht zu seinem Vergnügen, sondern wurde planmäßig kalkuliert und reinvestiert. Der Soziologe und Nationalökonom Max Weber hat mit seinem Essay „Die protestantische Ethik und der Geist des Kapitalismus" diese Zusammenhänge dargelegt.[4]

Inmitten der Auseinandersetzungen zwischen Kapital und Arbeit um die Begrenzung des Arbeitstages, existenzsichernde Löhne und basale Formen sozialer Absicherung entwickelten sich bereits ab Mitte des 19. Jahrhunderts erste Bildungs-, Spiel-, Sport- und Gesangsvereine jenseits bürgerlicher Schichten, die Arbeitern Erholung und Unterhaltung ermöglichten.

Parallel zur organisierten Arbeiterkultur existierten vornehmlich in den industrialisierten Städten und in der Nähe von

---

[4] Als Artikel ist der Text 1904/1905 erschienen und 1920 in Buchform veröffentlicht worden.

Großbetrieben, zahlreiche Kneipen und Wirtshäuser, die ebenfalls eine bedeutsame Funktion innehatten: „Der Bierabend zählte am Beginn unseres Jahrhunderts zur bedeutendsten politischen Gesellungsform der Arbeiter, verband doch gerade die Freude am Biertrinken viele Arbeiter mit der Politik. Begünstigend kam hinzu, dass fast alle Wirtschaften ihren Gästen neben Bier und Schnaps auch Billard und Skat, Musik, Lotterien und Wetten bzw. ähnliche Glücksspiele anboten. So waren Kneipen, Gasthäuser u.ä. mehr als Orte des Genießens, Kommunizierens und Spielens unter seinesgleichen; sie waren Stätten politischer Kultur ....". (Jacobeit; Jacobeit 1995, S. 270)

Kneipen und Wirtshäuser hatten quasi die Funktion eines zweiten Wohnzimmers, falls überhaupt in den engen, feuchten und krankmachenden Hinterhofunterkünften ein „erstes" Wohnzimmer existierte. Insbesondere für Kost- und Schlafgänger mit unterschiedlichem Schichtbetrieb, die sich zu zweit oder zu dritt ein untervermietetes Bett (nicht Zimmer!) teilten, war ihre schier unerträgliche Welt wenigstens vorübergehend scheinbar nur mittels psychotroper Substanzen erträglich zu gestalten. Bis Ende der 1870er Jahre dominierte noch preiswerter Kartoffelschnaps die Trinkgewohnheiten des Proletariats, der allerdings im Nachgang des Rauschs erhebliche physische und kognitive Einbußen zum Ergebnis hatte. Mit zunehmenden Anforderungen der Technisierung und Maschinisierung war die eingeschränkte Arbeitsfähigkeit von Arbeitgeberseite nicht tolerierbar. Als staatliche Steuerungsfunktion wurde zuerst die Steuer auf Branntwein 1887 erhöht und 1896 nachfolgend die Konzessionierungsbestimmungen erschwert. Demzufolge verlagerte sich der Konsum auf das „harmlosere" Bier, das inzwischen ganzjährig gebraut und gekühlt werden konnte (siehe Patalong 2020).[5]

Der erste Vorläufer eines rein mechanischen kleinen Flipper-"Automaten", zur damaligen Zeit „Bagatelle-Spiel" genannt, wurde im Jahr 1871 zum Patent angemeldet.

Abb. 3: Patentmodell des Bagatelle-Spiels (Vorläufer des Flipperautomaten) von 1871

Quelle: www.americanhistory.si.edu/

---

[5] Bereits im ersten Drittel des 19. Jahrhunderts wurde auf den Kirmessen den Wirten vorgeschrieben, zur Abmilderung des Alkoholpegels keinen Branntwein zu verkaufen, sondern „gutes trinkbares und gesundes Bier" auszuschenken damit den „Unwesen auf alle Art vorgebeugt werde" (Hopp; Parnicke 2007, S. 65). Eine historische Perspektive und Typologisierung der Kneipenkultur haben Dröge und Krämer-Badoni in ihrer Publikation vorgenommen (Die Kneipe. Zur Soziologie einer Kulturform oder „Zwei Halbe auf mich!" Frankfurt 1987). Siehe dort insbesondere „Zur Typologie der Kneipe vom 19. Jahrhundert bis heute" (100ff) sowie „Spielen und Feiern" (219ff).

Das Holzgehäuse war mit einem Federmechanismus am Boden des Gehäuses ausgestattet, um von dort die Kugel ins Spiel zu schießen. Im Feld befanden sich Eisennägel, Eisenringe sowie schwingende Holzleitern und Messingglocken. Die Modelle wurden anfänglich noch auf dem Produktionsniveau von Manufakturbetrieben hergestellt.

Etwa zwanzig Jahre später hatten sich die kleinen Bagatelle-Spiele zu großformatigen Spielen entwickelt. Die beiden Exemplare in Abb. 4 befinden sich im Galamé Musée des jeux traditionnels Loon-Plage, Nord Hauts-de-France in der Nähe von Dünkirchen.

Die Massenproduktion im Spielgerätebereich führte ungefähr 1895 Automaten in Deutschland ein. Notwendig für eine ubiquitäre Verbreitung der Geräte in den damaligen Kneipen und Schankwirtschaften war zudem einheitliches Münzgeld, was erst mit der Gründung des Deutschen Kaiserreiches ab 1871 gegeben war. Dennoch nutzten sich die Pfennige aufgrund ihrer Materialeigenschaften rascher ab, als es bei heutigem Kleingeld der Fall ist, was insbesondere einen Einfluss bei Geschicklichkeitsspielautomaten hatte.

Abb. 4: Bagatelle-Spiele Ende des 19. Jahrhunderts

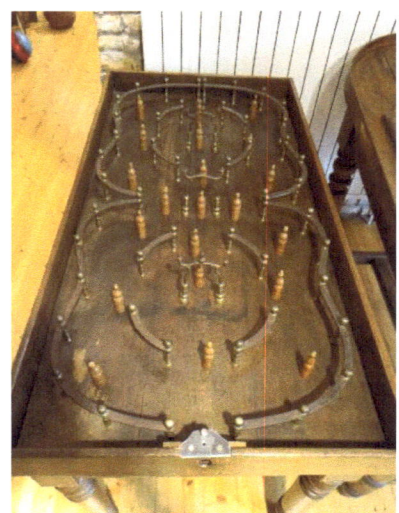

Fotos: Jürgen Schwark

Eine von Jörg Wagner (Halle) privat betriebene, informative Homepage (www.alte-spielautomaten.de) gibt eine (nahezu) komplette Übersicht über die seit 1894 eingesetzten Automaten. Den Beginn der Auflistung macht der Würfelspielautomat „Fortuna". „Nach Einwurf von 2 bzw. 1 Pfennig musste man den Knopf des Gerätes kräftig herunterdrücken, worauf sich die Scheibe unter der Glaskuppel in Bewegung setzte. Auf dieser Scheibe befanden sich fünf Würfel, welche durch die Rotation der Scheibe durcheinanderwirbelten. Je nach Würfel-Ergebnis zahlte der Gastwirt dann entsprechend Preise (Bier, Cigarren etc.) aus" (Wagner/www.alte spielautomaten.de).

Abb. 5: Würfelautomat „Fortuna" 1894

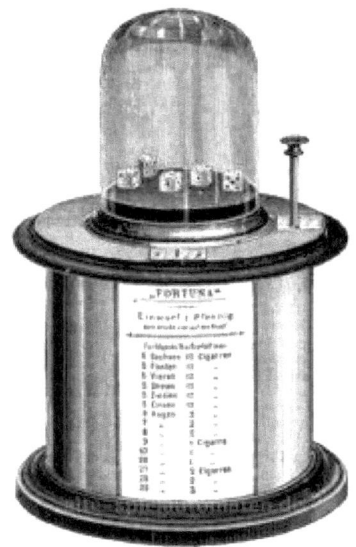

Quelle: www.alte spielautomaten.de

Großer Beliebtheit erfreute sich ab 1905 ein Etagen-Spiel-Auto-
mat in den Kneipen und Wirtshäusern. Vermutlich überstieg
der Geldeinsatz nicht wesentlich den Preis des Gewinns. Die
Differenz konnte als Gegenwert für den kleinen Nervenkitzel
angesehen werden. Somit entstand der Verdienst für den Wirt
im Verkauf des Bieres in der Zwischenschaltung einer zweiten
Kasse mit Spielfunktion. „Die Wirte in den Kneipen und Bars
wollten mit den Geschicklichkeitsautomaten vor allem den
Bierumsatz steigern. ... Der Spieler wirft jeweils eine Münze in
die vier Auffangschächte. Wenn das Wort "Bier" erscheint, hat
er gewonnen." (Sax 2020)

Abb. 6: Münzschleudergerät „Hopp Hopp" 1905

Quelle: wdr; Sax/www.planet-wissen.de 2020

Derartige Automaten waren gängiger Bestandteil von Kneipen und Eckkneipen, die mehrheitlich von Arbeitern, Handwerkern und einfachen Angestellten frequentiert wurden. Die Mittelschicht besuchte eher Restaurants und Cafés, las dort Zeitung, spielte mitunter Schach oder, falls angeboten, Billard. Darüber hinaus existierten in zahlenmäßig geringerem Ausmaß so genannte Honoratiorengaststätten, in denen sich die kommunale Elite traf.

Gegen Ende des 19. Jahrhunderts wurde in den USA der erste Glücksspielautomat patentiert, bekannt geworden unter dem Begriff „slot machine". Zu dieser Zeit waren die Geräte ausschließlich mechanisch konstruiert. Die Elektrifizierung, teilweise mit Batterien, erfolgte erst ab den 1930er Jahren.

Abb. 7: Erster Glücksspielautomat (slot machine) 1889

Quelle: Fey 1989

Im Gegensatz zum europäischen Kontinent bestanden im Vereinigten Königreich Großbritannien besonders vorteilhafte Rahmenbedingungen für die Weiterentwicklung vormoderner Sportformen zum aristokratischen Gentleman-Sport und dem damit verbunden Wettkampfprinzip auf Amateurbasis. Der Ausschluss von so genannten Professionellen bezog sich dabei auf berufliche Aktivitäten, die für den Wettkampfsport als unzulässiger Vorteil betrachtet wurden. Die Wette auf ein Sportereignis, von den Adeligen selbst erzeugt, oder auf andere gewettet, brachte es durch den Amateurstatus mit sich, dass der mit zusätzlicher Spannung auferlegte Sport, keine einseitigen Wettergebnisse erzeugte. Mit der Verbreitung des Sports auch auf bürgerliche und später unterbürgerliche Schichten und einer

27

ebenso ausgeprägten Ausweitung der Sportwetten, wurden auch eindeutige Regeln notwendig, um die Gleichheit der Ausgangsbedingungen zu schaffen. Mit der Industrialisierung des Deutschen Reichs und den zahlreichen Briten (u.a. Unternehmer, Kaufleute, Ingenieure, Techniker), die umfangreiche Entwicklungsprojekte begleiteten, verbreitete sich der Sport nicht nur medial, sondern auch in seiner praktischen Form im Deutschen Reich und damit verbunden auch das Wetten.[6]

Eine breite Gesellschaftsschichten ansprechende kommerzielle Massenkultur wurde als Branche nach 1900, vor allem ab den 1920er Jahren, durch den Acht-Stunden-Arbeitstag, Urlaubsansprüche und überschüssige Kaufkraft möglich.[7] Die Automatenhersteller vermarkteten anfänglich zahlreiche ihrer hergestellten Automaten als so genannte Geschicklichkeitsspiele, insbesondere um das vorherrschende Glücksspielverbot zu unterlaufen.

„Mit der raschen Zunahme der auf dem Markt befindlichen Spielautomaten wuchs ab ca. 1907 auch das Bestreben der Polizei, Automaten mit Glücksspiel-Charakter zu unterbinden. Dabei standen die regionalen Polizeibehörden vor der Aufgabe, die Automaten zu überprüfen und entweder zu gestatten oder zu verbieten. Der Polizei mangelte es aber diesbezüglich an Experten und die Beurteilungen der Automaten waren recht willkürlich." (Wagner/www.alte spielautomaten.de)

Die Leipziger Staatsanwaltschaft beauftragte bspw. den damaligen Leiter des Instituts für gerichtliche Medizin an der

---

[6] Den Prozess der Adaption des englischen Sports ist grundlegend Christiane Eisenberg in ihrem opulenten Werk „English Sports und deutsche Bürger. Eine Gesellschaftsgeschichte 1800-1939", Paderborn 1999, nachgegangen.

[7] Siehe dazu auch die Publikation von Kaspar Maase: Grenzenloses Vergnügen. Der Aufstieg der Massenkultur 1850-1970, Frankfurt/M. 1997.

hiesigen Universität, Prof. Kockel, durch experimentelle Versuche nach Glücksspiel oder Geschicklichkeitsspiel einzuteilen. Das Vorgehen war streng methodisch organisiert und erinnert in der Beschreibung der Versuche an eine Mischung aus TÜV und Stiftung Warentest. Kockel kam über mehrjährige Prüfungen schließlich zu einer Kategorisierung der Spielautomaten Anfang des 20. Jahrhunderts:

„1. Fingerschlag-Automaten, bei welchen das eingeworfene Geldstück in eine Führungs- bzw. Schussrinne gelangt. Beispiele (vor 1910): „Komet", „Salamander", „Minerva", „Trapant", „Zielbewußt" usw.

2. Münzschleuder-Automaten, bei welchen das Geldstück mit einem sog. Schnapper geschleudert wird. Hierzu zählen z.B. die Automaten „Elite" (1910-Version) und die Etagenspielgeräte „Hopp-Hopp", „Geldbriefträger", „Räuberhauptmann von Köpenick", „Jockey" usw.

3. Automaten, bei welchen die Wurfbahn durch eine Begrenzung stark vorgegeben ist. Beispiele: „Rotador", „Helios", „Germania", „§11", „Pfeil", „Hohenzollernschleife", „Immer an der Wand lang II", „Paß uf" usw.

4. Automaten, bei welchen der Spieler das Geldstück durch Fingerstoß auf einer schiefen Ebene in eine Öffnung treffen muss. Rollt das Geldstück zu weit, ist es verloren. Beispiel: „Reform"

5. Schießautomaten, bei welchen Kugeln oder Münzen direkt in eine Gewinnöffnung geschleudert werden müssen (z.B. „Triumph", „Saxonia"), aber auch Automaten, wo die Visiereinrichtung nicht aufs Ziel selbst, sondern auf weit davon entfernte Orientierungslinien eingestellt werden muss. Beispiel: „Looping the Loop".

6. Alle Spielautomaten, bei denen die Münze oder Kugel nach dem Einschleudern in den Automaten durch ein Hindernis-

feld/Stiftfeld hindurch rollen muss und mittels eines durch den Spieler zu steuernden Fangbechers aufgefangen werden soll. Beispiele: „Zeppelin", „Goldregen", „Sumatra"." (zit. nach www.alte-spielautomaten.de, basierend auf Kockel 1910)

Die Entscheidung, ob nach so genanntem Glücksspiel oder Geschicklichkeitsspiel entschieden wurde, hatte für die inzwischen zur Automatenindustrie angewachsenen Branche erheblich finanzielle Auswirkungen. So waren in den 1920er-Jahren bspw. in Berlin über 10.000 solcher Automaten im Betrieb (siehe Fichtner 2024).

Abb. 8: Spielhalle in Berlin um 1919

Quelle: Wagner/www.alte-spielautomaten.de

Auf dem Foto der abgebildeten Spielhalle befindet sich an gut sichtbar Stelle an der Wand ein Schild mit dem Hinweis: „Kinder unter 16 Jahre ist der Zutritt polizeilich verboten". Auffällig sind die hohen Schaufensterscheiben, die bis auf die Beschriftung „Spielhalle" eine freie Sicht in den Innenraum ermöglichten. Die Tätigkeit an Automatenspielen erscheint völlig von eigener oder fremdauferlegter Scham befreit. Der zweite und dritte Spieler von links spielen jeweils an einem Bajazzo-Automaten. Der „Bajazzo", etwa seit 1900 im Einsatz, forderte von den Spielern überwiegend Fingerfertigkeit und Reaktionsvermögen ab.

Das Spielprinzip war in leicht abgewandelter Form in England auch unter dem Namen „Kicker and Catcher" und in Frankreich unter „Shootez et Rattrapez" bekannt. Der rechte Regler steuerte den Kicker, der einen der Bälle oberhalb des mit Nägeln ausgestatteten „Spielfeldes" schoss. Mit dem linken Knopf wurden der Fänger bzw. Torwart so bewegt, dass der hin- und her springende Ball aufgefangen werden konnte. Bei einer erfolgreichen Aufnahme war der Ball wieder verwendbar und verlängerte so die Spieldauer sowie das damit verbundene Vergnügen. Je häufiger Bälle „gehalten" wurden, desto höher war die angezeigte Punktzahl und Spielerbewertung.

Die Geräte in Abb. 9, die sich im Galamé Musée des jeux traditionnels Loon-Plage Nord Hauts-de-France befinden, waren mit dem Aufdruck versehen: „Nur zu ihrem Vergnügen. Jeder erhaltene Ball ist wiederspielbar", um vorsorglich deutlich zu machen, dass es sich um ein Geschicklichkeitsspiel handelte.

Abb. 9: Shootez et Rattrapez, Stella (F) 1940er Jahre

Foto: Jürgen Schwark

In einigen Bundesstaaten der USA wurden Glücksspielautomaten 1902 verboten und lediglich Nevada hob das Verbot 1931 wieder auf. Die Automatenindustrie reagierte dort auf die restriktive Haltung der Bundesstaaten mit kreativen Gegenreaktionen. „Da aber nicht mehr Geldgewinne ausgeschüttet werden durften, begann die Ära der Fruchtspielautomaten. Anstatt der Karten und Glückssymbole wurden nun Früchte verwendet und die Gewinne waren Süßigkeiten oder Kaugummi in der jeweiligen Geschmacksrichtung." (Seiber 2024) Das war für einige Betreiber nur der erste Schritt. Bei kooperierenden Gastronomiebetrieben konnten dort die erhaltenen Waren wiederum in Geld umgetauscht werden. Das Vorgehen erscheint plausibel, basiert allerdings auf einer Ausführung ohne weitere Quellenangabe: „Es soll auch einige Bars und Saloons gegeben haben, in denen die Süßigkeiten in echtes Geld umgetauscht werden konnten." (Löwenberger 2023)

Ausprägungen des (exzessiven) Spielens und Wettens standen über Jahrhunderte in einem unmissverständlichen und überschaubaren Konflikt zur damaligen Obrigkeit (Adel, Klerus), veränderten sich jedoch mit Herausbildung des industriell geprägten Kapitalismus und der staatlichen Nationenbildung. Deutlich wird die Ambivalenz bspw. durch staatliche Einnahmen der Tabak- und Alkoholsteuer sowie der Vergnügungssteuer auf der einen Seite und den volkswirtschaftlichen Kosten exzessiver, (selbst-)schädigender Praktiken der Akteure andererseits. Mit einer entwickelten kommerziellen Freizeit- und Tourismusindustrie existierte ein neuer Wirtschaftszweig, der Steuern abführte, Arbeitsplätze bereitstellte und seinerseits Lobbyarbeit betrieb. In diesem Kontext versuchten staatliche Akteure aus Politik und Verwaltung (sowie interessierter Lobbygruppen aus Wirtschaft und Kirche) aufgrund des bestehenden staatlichen Monopols sowie anhand ideologischer und ökonomischer Vorstellungen, bestehende Konflikte zu reduzieren, zu befrieden oder über Verbote zu eliminieren.

In den 1930er Jahren konzentrierte sich bspw. die amerikanisch-italienische Mafia angesichts der bestehenden Prohibition (1920 – 1933, teilweise bis 1948) auf den Bereich Automatenspiele und (Sport)-Wetten. Als plausibel ist anzunehmen, dass die bestandenen staatlichen Strukturen und Ressourcen aus der Zeit der Prohibition danach für Zwecke der Strafverfolgung illegalen „Glücksspiels" genutzt wurden. Als Demonstration staatlicher Macht zerstörte bspw. New Yorks Bürgermeister LaGuardia im Oktober 1934 öffentlich und medienwirksam Spielautomaten mit einem Vorschlaghammer (siehe Giles 2023).

Abb. 10: Öffentlichkeitswirksame Zerstörung von Spielautomaten, New York 1934

Quelle: Bettmann/Getty Images; www.thevintagenews.com

Ziel der Zerstörung waren insbesondere auch Flipperautomaten, die, ganz in puritanischer Lesart, als Zeitverschwendung und Jugendgefährdung angesehen wurden. Als zusätzliches Argument wurde im weiteren Verlauf vorgebracht, insbesondere nach dem Angriff auf Pearl Harbor, dass die Produktion der Geräte Verschwendung wichtiger Materialien sei und stattdessen für die Kriegsproduktion verwendet werden sollten (siehe Giles 2023).

Abb. 11: Öffentlichkeitswirksame Zerstörung von Flippern, New York 1934

Quelle: Bettmann/Getty Images; www.thevintagenews.com

Im Deutschen Reich ergab sich mit der Machtübernahme der Nationalsozialisten eine ökonomische und ideologische Logik, die zu einer nur scheinbar ambivalenten Situation führte. Die bislang verbotenen öffentlichen Spielbanken wurden per „Reichsgesetzblatt vom 14. Juli 1933" unter Auflagen wieder zugelassen und entrichteten kontinuierlich eine Spielbankabgabe. Demgegenüber betraf das „Gesetz zu Änderung der Gewerbeordnung" vom 18. Dezember 1933 die gewerblichen Anbieter in ihrer Existenz. Der entsprechende Paragraf 33 wurde ergänzt: „Wer gewerbsmäßig auf öffentlichen Wegen, Straßen, Plätzen oder anderen öffentlichen Orten mechanisch betriebene Spiele und Spieleinrichtungen, die die Möglichkeit eines Gewinnes bieten, aufstellen will, bedarf dazu der Genehmigung der

Ortspolizeibehörde." (siehe auch Munzel 2016, S. 23ff) Die zuvor bereits restriktiv gehandhabten Bedingungen für Automatenspiele wurden durch die Vorschrift insofern weiter verschärft, als das kaum noch Genehmigungen erteilt wurden.[8] Gewinn- und Wettspiele bedeuteten aus Sicht der Nationalsozialisten eine Gefahr für die so genannte Volksgemeinschaft und potentielle Abkehr von „produktiver Arbeit". Lediglich auf Jahrmärkten bzw. Kirmessen konnte für einen jeweils kurzen Zeitraum noch gespielt werden. Henzgen und Meier führen dazu in ihrer jüngst erschienen Publikation aus: „Die Machthaber erlauben nur noch Warenautomaten und Geschicklichkeitsspiele ohne Zufallskomponenten. Mit Ausbruch des Zweiten Weltkriegs kommt die Automatenproduktion ohnehin vollständig zum Erliegen, da die Rüstungsindustrie die wertvollen Rohstoffe für die Produktion benötigt." (Henzgen; Meier 2024, S. 80)

Nach Ende des 2. Weltkriegs traten ab den 1950er Jahren generationsspezifische Konflikte zu Tage. Während des Deutschen Kaiserreichs hatte das Vereinigte Königreich u.a. aufgrund seines damaligen technologischen Vorsprungs auch einen starken kulturellen Einfluss ausgeübt. In der Zeit der Weimarer Republik vollzog sich ein weitreichender Wandel der kulturellen Rezeption, bei dem die USA eine prägende Funktion einnahmen. Für die junge Bundesrepublik galt dies, insbesondere durch die von den USA bereitgestellten Gelder des Marshall-Plans, in besonderem Maße. Populärkulturelle Musik (Jazz, Rock´n´Roll und später Beat, Blues und Rock), Kleidung (Jeans, T-Shirt,

---

[8] Weiterführend zum Verhältnis zwischen politischen Veränderungen und Veränderungen der Spiele siehe die Publikation von André Postert: Kinderspiel, Glücksspiel, Kriegsspiel: Große Geschichte in kleinen Dingen 1900-1945, München 2018.

Lederjacke), Konsum (Hollywood, Coca Cola, Kaugummi) sowie die Übernahme von Anglizismen in die Jugendsprache, waren nur einige der kulturellen Absorptionen und provozierten als Gegenentwurf zur kleinbürgerlichen Spießigkeit und verdrängendem Harmoniebedürfnis.[9] Der offen zur Schau getragene Widerstand gegen die Autoritäten, die Ablehnung des protestantischen Arbeitsethos mit seinen rigiden Askesevorstellungen, die öffentliche Präsentation an Gruppen- bzw. milieuspezifischen Treffpunkten in (Milch-)Bars, Kneipen, und Spielhallen muss der älteren Generation, im Nationalsozialismus sozialisiert und von den damaligen „pädagogisch-ideologischen" Beeinflussungen nicht (vollends) befreit, wie der Untergang des Abendlandes vorgekommen sein.[10] Die technisch weiter entwickelten und raffinierter werdenden Automatenspiele sowie elektrifizierten Flipperapparate wurden unmittelbar mit entstehender Sucht, Arbeitsverweigerung und „Lotterleben" in Verbindung gebracht.

Bestärkt in ihrer ablehnenden Haltung wurde das konservative Bürgertum (und Arbeitermilieu!) nicht nur durch die eigene Wahrnehmung im lokalen Umfeld, sondern auch durch die mediale Vermittlung der (übertrieben präsentierten) Jugendkultur mitsamt ihrer in Szene gesetzten Praktiken. Exemplarisch ist dazu auf drei prominente Kinofilmproduktionen der 1950er

---

[9] Siehe dazu auch Farin 2001, insbesondere „Die Fünfziger" (S. 44ff) und „Die Halbstarken" (S. 48ff) sowie das Archiv der Jugendkulturen unter www.jugendkulturen.de

[10] Doch damit nicht genug. Fünfzehn Jahre später hatte sich die vormals eher durch Äußerlichkeiten ausgedrückte Provokation in Teilen der jungen Generation dann stärker politisiert. Medialer Fixpunkt war die öffentlich ausgeführte Ohrfeige von Beate Klarsfeld (29) am 7. November 1968 gegen den damaligen Bundeskanzler und ehemaligen Nationalsozialisten Kurt Georg Kiesinger (64) auf dem CDU-Parteitag in Berlin.

Jahre hinzuweisen: "The Wild One" (1953)/"Der Wilde" (1955) mit Marlon Brando, "Rebel Without a Cause" (1955)/"Denn sie wissen nicht, was sie tun" (1956) mit James Dean und "Die Halbstarken" (1956) mit Host Buchholz.

Anfang der 1960er Jahre (1961) wurden Wetten in Großbritannien offiziell legalisiert und innerhalb kürzester Zeit hatten sich über 10.000 Wettbüros etabliert. Der überwiegende Teil der Wetten konzentrierte sich auf Fußball- und Pferdewetten. Mit der Legalisierung war jedoch auch die Grundproblematik der Wettkampfmanipulation in neuer Dimension verbunden:

„1964 manipulierten beispielsweise drei Spieler von Sheffield Wednesday die Begegnung gegen Ipswich Town, nachdem sie zuvor auf eine Niederlage ihres Teams gewettet hatten. In den 1960er Jahren war es in England nicht unüblich, dass Spieler auf die Niederlage ihrer eigenen Mannschaft wetteten. Sie nutzten diese Wette hauptsächlich als Versicherungsinstrument. Die Spieler bekamen zu dieser Zeit nämlich ein relativ geringes Grundsalär und eine verhältnismäßig hohe Siegprämie pro Spiel. Um die hierdurch entstehenden Einkommensschwankungen zu glätten, wetteten die Fußballer systematisch auf die Niederlage ihres Teams. Nachdem einige Spieler erkannt hatten, dass sie durch Wettgewinne bei Niederlagen mehr als durch die Siegprämie verdienen konnten, wurde die Versuchung zur Manipulation offenbar zu groß." (Dietl 2010)

Pichler (2024) weist darauf hin, dass noch in den 1980er und 1990er Jahren ein Teil der Buchmacher zu den Sportereignissen fuhren. Wie auf Abb. 12 zu erkennen, hatte die Präsentation der Quoten auf Gastronomietafeln vor Campingmobilen noch den Charakter eines provisorischen Kiosks. Stationäre Wettbüros mit Internet-Anschlüssen etablierten sich ab 2004 zuerst in Karlsruhe und von da aus bundesweit mit inzwischen deutlich mehr als 1.000 Wettbüros (siehe www.sportwettenver-gleich.net).

Abb. 12: „Mobiles Wettbüro bei einem Skirennen in den 1980er Jahren" (Pichler 2024)

Quelle: imago images/Werek International; Pichler 2024/www.sportwet-tentest.net

Eine Zäsur brachten die 1970er Jahre mit sich. Die erste Spiel-halle in der Bundesrepublik eröffnete 1974 in Delmenhorst und stellte das Startsignal für die weitere Ausbreitung der Spielhal-len.

Zwei Jahre später beendeten die meisten Bundesstaaten in den USA das bis dahin geltende Flipperverbot. Allerdings musste in New York der professionelle Flipperspieler Roger Sharpe vor den Augen des Stadtrats spielen. Das positive Votum kam dadurch zustande, weil Sharpe vorab zutreffend angeben konnte, welchen Verlauf die Kugel nehmen würde und so das Gremium von einem Geschicklichkeitsspiel überzeugte (siehe

Giles 2023). Indirekt lässt sich die Attraktivität und Bedeutung des Flipper-Spielens für die Jugendkultur vielleicht dadurch ablesen, dass 1969 die britische Rockgruppe „The Who" die Spielaktivität auf ihrem Album „Tommy" mit dem Song „Pinball Wizard" verewigte.

Während sich in der (alten) Bundesrepublik der Markt für Wetten- und Automatenspiele trotz aller gesellschaftlichen Vorbehalte weiter ausbreitete, wurde in der DDR nach jahrzehntelanger inkonsequenter Haltung 1979 eine Änderung des Strafgesetzbuchs erlassen (§ 249): „Wer das gesellschaftliche Zusammenleben der Bürger oder die öffentliche Ordnung dadurch gefährdet, daß er sich aus Arbeitsscheu einer geregelten Arbeit hartnäckig entzieht, obwohl er arbeitsfähig ist, oder wer der Prostitution nachgeht … wird mit Verurteilung auf Bewährung oder mit Haftstrafe, Arbeitserziehung oder mit Freiheitsstrafe bis zu zwei Jahren bestraft." Obwohl staatliche Lotterien aufgelegt und befördert wurden, existierte insbesondere in den Großstädten der DDR illegales Glücksspielwesen, das erst 1986 zerschlagen wurde. Erhellend dazu ist die TV-Reportage von Wolter und Kunst (2008).

Zu einer Wachablösung in der Bundesrepublik kam es im Verlauf der 1980er Jahre durch die ersten Computerspiele, die den Dreischritt von der Mechanik über die Elektrik zur Elektronik vollzogen. „Mitte bis Ende der Siebzigerjahre kommen die mechanischen Automaten aus den Arcade-Hallen raus und elektronische Geräte rein. Die alten Spiele, bei denen man bloß einzelne Elemente schieben, drehen, klappen oder ziehen kann, oder wo es schlicht nur möglich ist, eine Münze einzuwerfen, damit sich etwas bewegt - sie sind nun Schnee von gestern und fortan nur noch als historische Kuriosität interessant." (Glashüttner 2015) Im weiteren Verlauf wird daher noch auf Museen, Ausstellungen und Spielclubs einzugehen sein.

Zuvor gibt Grafik 1 einen Überblick und eine Einteilung der Automatenausprägungen und zeigt damit auf, welche zentralen Unterschiede bestehen. Das Achsenkreuz verläuft auf der vertikalen Y-Achse in Aktivität und Passivität und auf der horizontalen X-Achse in immateriellen und materiellen Gegenwert. Für alle vier Felder werden Beispiele nach dem Kriterium des technischen Entwicklungsstandes (mechanisch, elektrisch, elektronisch) unterschieden. Diese Einteilung erfolgt idealtypisch und schließt selbstverständlich nicht aus, dass Automaten unterschiedliche Anteile an Technik beinhalten.

Zwei Anmerkungen sind in diesem Zusammenhang notwendig. Der Münzschieber wird als mechanisch eingestuft, da die Hauptaktivität der Spielenden darin besteht, Münzen über eine Metallschiene gezielt einrollen und platzieren zu lassen. Diese Einteilung erfolgt ungeachtet der Tatsache, dass der Schieber elektrisch betrieben wird und die Anzeige elektronisch erfolgt. Mit der Funktion des Schiebers kann der Spieler an zusätzliche Münzen gelangen und damit das Spiel verlängern. Eine strukturelle Ähnlichkeit zum frühen „Bajazzo"-Automaten ist erkennbar. Die hohe Punkteanzeige, der damit verbundene fulminante Wertmarkenausdruck und Eintausch in einen Gewinn minderen Wertes ist für manche Spielende nur eine Nebensächlichkeit, andere wiederum sind enttäuscht über den Gegenwert und die dritte Gruppe entwickelt den Ehrgeiz auf einen der Gewinne, verbunden mit einem i.d.R. überhöhten „Einkaufspreis". Glücks- bzw. Gewinnspielautomaten werden in Grafik 1 unter immateriell aufgeführt, da sie keine Ware für einen vorab festgelegten Preis anbieten. In der Regel werden Gewinne zum Weiterspielen genutzt und ein Großteil der Spieler sieht den Hauptnutzen im Spielablauf. Die Kategorisierung in aktiv ist relational zu den anderen Automaten, wie bspw. Parkuhren oder Fahrkartenentwerter zu bewerten. Über die Stopp-Taste ist das

„Spiel" veränderbar und damit entsteht die Illusion von Aktivität und Beeinflussung, obwohl die Gewinnquote davon unbeeinflusst ist.

Grafik 1: Automaten nach materieller-immaterieller sowie aktiver-passiver Einteilung

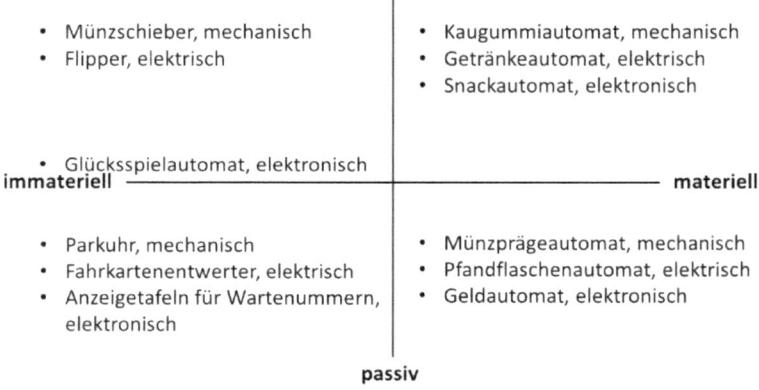

Quelle: eigene Darstellung

In Grafik 2 werden verschiedene Spiele nach ihrem Aktivitätsgrad sowie der Möglichkeit zur Einflussnahme auf das Spiel systematisiert. Hier verläuft das Achsenkreuz in der vertikalen Y-Achse nach Aktivität und Passivität. Die horizontale X-Achse ist unterteilt nach der Möglichkeit der Einflussnahme und dem Zufallsprinzip. Einflussnahme und Passivität scheinen sich auf den ersten Blick auszuschließen. Beispielhaft angeführt werden strategische Brettspiele, die über eine lange Zeitdauer gespielt werden und eine abwartende Position verlangen, wenn der „Gegner" am Zug ist. Zumindest tritt die permanente geistige Beanspruchung nach außen überwiegend nicht als körperliche Aktivität in Erscheinung.

Grafik 2: Ausgewählte Spiele nach Aktivitätsgrad sowie Einflussnahme und Glück/Zufall

Quelle: eigene Darstellung

Einflussnahme bei Sportwetten geschieht zumindest indirekt. Anders als beim Lotto, kann die vorherige Informationsbeschaffung über Zustand, Niveau, Qualität der Akteure umfangreich erfolgen. Während des Spiels bleibt jedoch nur passives Abwarten auf den Spielausgang. Ausnahmen bilden die vielfältigen Möglichkeiten des frühzeitigen Aussteigens oder der zusätzlichen Spezialwetten. Was im Stadion bspw. während der Schlussphase eines Spiels mit der ahnungsvollen Vorhersage „so wie die verteidigen, fangen die sich noch einen" belegt wird, soll im Wettbüro (oder online) durch vermeintliche Kennerschaft mit Geldgewinn belohnt werden.

In Grafik 3 werden die Möglichkeiten zu wetten aufgezeigt, die zum einen zwischen (vermeintlichem) Wissen und Unwissen liegen und zum anderen zwischen den Polen systematischdisziplinierten Wettens und spontaner „Eingebungen" und Emotionalitäten liegen.

Grafik 3: Sportwetten nach Wissensstand und Handeln sowie Systematik/Spontaneität

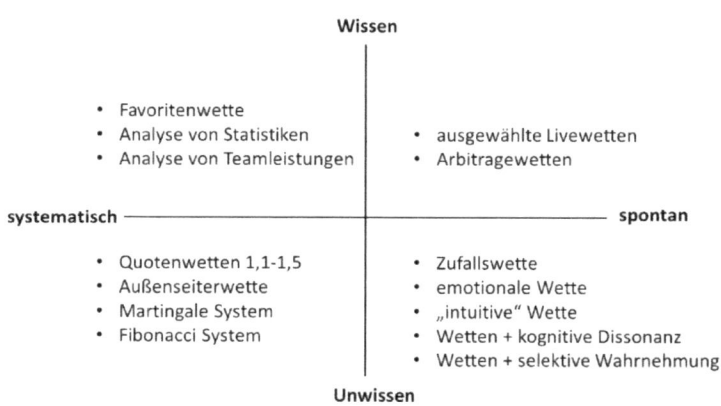

Quelle: eigene Darstellung

Eine besondere Zwitterstellung zwischen Einflussnahme und Zufallsprinzip nimmt das Flippern ein. Ob die Kugel genau mittig und damit unerreichbar für die zwei bis drei Zoll langen Flipperhebel ist, kann ohne ein unzulässiges Bewegen des Tisches nicht verhindert werden. Dennoch ist die Spannweite der gelingenden Einflussnahme zwischen Novizen und Könnern erstaunlich. In Abgrenzung zum Flippern unterscheiden sich Billard und Kickern dadurch, dass eine theoretisch unbegrenzte Palette an selbst entscheidbaren Möglichkeiten der Spielgestaltung besteht, die allenfalls durch den jeweils eigenen Gütemaßstab begrenzt wird.[11] Grundsätzlich ist jedoch anzumerken, dass

---

[11] Eine wahre Anekdote aus dem Jahr 1979 bezieht sich auf den damaligen Kicker-Mixed-Weltmeister Lukas Skara (Duisburg/Moers-

eine geringe Qualifikation beim Kickern und Flippern, den agierenden Spieler glauben lassen, es handele sich dabei um Spiele die überwiegend zufallsbasiert sind.

Die gesellschaftliche Bewertung von Automatenspielen, zufallsbasierten Spielen und Wetten (jeder Art) ist überwiegend negativ. Ausgenommen sind Lotterien und Tombolas der Kirchen sowie Wohlfahrtsverbände und für wohltätige Zwecke, über traditionelle Spielcasinos bis zum klassischen und als harmlos angesehenen Lotto „6 aus 49". Vielmehr ist die Kritik auf bestimmte Einrichtungen (Spielhallen und Wettbüros) fokussiert und eine Ausprägung des Spielens, die im doppelten Wortsinn unkontrolliert ist.

Wer sich durch Spielen (und andere kulturelle und sinnliche Praktiken) in eine „eigene" Welt versetzen kann, flüchtet nicht nur, sondern erlebt auch Befriedigung sowie Momente des Glücks und damit die Diskrepanz zur als unzumutbar erlebten oder so interpretierten „Ernstwelt". Wenn die Kirche, wie über Jahrhunderte propagiert, die Belohnung auf das Jenseits verlagert, aber Menschen die Verlockungen des Diesseits erfahren, gerät der Zugriff auf die „noch" Gläubigen in Gefahr. Lutter hat 2011 eine Studie vorgelegt, die sich auf Begründungen für die Missbilligung von Glücksspielen bezieht. Das von ihm ermittelte Ergebnis ist signifikant: „Der Grund ist darin zu sehen, so die hier diskutierte These, dass Religion und Glücksspiel einander ähnliche Sinnhorizonte bieten und sie daher in Konkurrenz zueinander auf einem „Markt für Hoffnung" stehen. Mittels der

---

Repelen), der seinem sozialen Umfeld anbot, gegen ihn mit einem Vorsprung von 9:0 anzutreten. Jedes Spiel würde er gewinnen und keiner der Kicker-Affinen Gegner könne noch nicht einmal ein Glückstor erzielen. Als Wetteinsatz wurde der in dem Milieu übliche Kasten Bier, ersatzweise 20 DM ausgelobt. Das für die Herausforderer deprimierende Ergebnis: Alle Spiele wurden von Skara mit 10:9 gewonnen!

durchgeführten empirischen Analysen zeigt sich, dass sowohl Religiosität und Formen religiöser Partizipation als auch säkularisierte Formen der protestantischen Ethik einen signifikanten Einfluss auf die Missbilligung von Glücksspielen ausüben." (Lutter 2011, S. 48)

Im Konflikt zwischen „Kapital und Arbeit" geht es nicht nur um Auseinandersetzungen zur Höhe des Lohns, sondern auch um die Qualität der Arbeit, den Umfang der wöchentlichen Arbeitszeit und die Lebensarbeitszeit. Und schließlich greift staatliche Politik mit ihren Steuerungsinstrumenten in das komplexe Verhältnis zwischen Arbeit und Freizeit ein. Unterhalb der Gesetzgebungsebene erfolgen in immer wiederkehrenden Abständen Mahnungen, die eine hohe mediale Aufmerksamkeit erzielen und sowohl die politische Position des Äußernden deutlich machen, als auch als Ankündigung für zukünftige politische Vorhaben zu interpretieren sind wie eine Auswahl an prominenten und medienwirksamen Zitaten zeigt.

Helmut Kohl 1993 (ehem. Bundeskanzler, CDU): „Dennoch scheint es für viele nichts Wichtigeres zu geben, als über mehr Freizeit nachzudenken. Wir können die Zukunft nicht dadurch sichern, dass wir unser Land als einen kollektiven Freizeitpark organisieren." (Kohl 1993)

Lothar Späth 2003 (ehem. Ministerpräsident CDU): „Die Freizeitsucht dezimiert den Wohlstand und damit unseren hohen Lebensstandard." (Späth 2003)

Joachim Gauck 2012 (ehem. Bundespräsident, parteilos): „Und noch viel weniger gerne denken wir daran, dass es wieder deutsche Gefallene gibt, das ist für unsere glückssüchtige Gesellschaft schwer zu ertragen." (Gauck 2012)

Jens Spahn 2023 (ehem. Gesundheitsminister, CDU): „Helmut Kohl hat in den 90er-Jahren mal vom Freizeitpark Deutschland gesprochen. Wenn ich mich umschaue, halte ich den Begriff zur

Beschreibung unserer Probleme nicht für komplett abwegig."
(Spahn 2023)

Friedrich Merz 2024 (Kanzlerkandidat, CDU): "Was ist eigentlich Arbeit für uns? Ist das eine unangenehme Unterbrechung unserer Freizeit, oder ist das ein Teil unserer Lebenserfüllung? Wenn es eine unangenehme Unterbrechung unserer Freizeit bleibt, dann können wir den Weg weitergehen. Aber der führt in einen massiven Wohlstandsverlust." (Merz 2024)

Die exemplarisch aufgeführten Politiker haben ihre (taktisch motivierte) Sorge und Kritik zum Ausdruck gebracht, die sich primär auf die ökonomischen Perspektiven bezogen und beziehen. Moralische Grundlage, siehe Lutter 2011, ist der Wertekanon der protestantischen Arbeitsethik.

Auf unterschiedliche Bewertungen des zufallsbasierten Spiels wurde bereits hingewiesen, insofern Casinos, obwohl strukturverwandt mit Spielhallen, aufgrund ihres äußeren Erscheinungsbildes eher der Hochkultur zugeordnet werden. Auf einer übergeordneten Ebene stellt sich die Frage, ob ebenfalls strukturverwandte Aktivitäten aus anderen gesellschaftlichen Feldern existieren. Anzuführen wären bspw. Daytrading, verbunden mit dem Handel von Aktien oder Kryptowährungen unter Einbeziehung kurzfristiger Marktschwankungen. Darüber hinaus trifft dies auf den spekulativen Kauf von Sammelgütern zu, welche einer kurzfristigen hohen Nachfrage unterliegen, von der nicht abzusehen ist, wann sie vom nächsten Hype abgelöst wird. Schließlich wäre noch auf Auktionen hinzuweisen, um dort seltene Güter zum raschen Weiterverkauf zu erwerben. Alle angeführten Beispiele befinden sich in einem Verwandtschaftsverhältnis. Ihnen ist eigen, dass sie als riskantes Hobby mit überschüssigem Vermögen betrieben werden können, bis zum finanziellen Ruin. Als plausibel darf angenommen werden, dass in der öffentlichen Bewertung Spielhallen und Daytrading eher missbilligt werden, der Kauf von kurzfristigen Modeartikeln häufig auf Unverständnis stößt und die Teilnahme an Auktionen noch am ehesten goutiert wird.

Die ungleiche Wahrnehmung und Bewertung führen indes zu einem interessanten Phänomen. Vormals geschmähte Populärkultur wird dann als kulturelles Erbe geadelt, wenn sie seit längerer Zeit nicht mehr praktiziert wird, mit „guter alter" Mechanik ausgestattet ist und als seltene Exponate praktisch zugänglich sind.

In einem kurzen Exkurs ist daher auf öffentliche und private Ausstellungen und Museen einzugehen.

Von Dezember 1988 bis Oktober 1989 fand die Ausstellung „Wenn der Groschen fällt ... Münzautomaten gestern und heute" im Deutschen Museum in München statt. Präsentiert wurden u.a. Musikboxen, Warenautomaten, Boxautomaten, Kraftmesser und Wahrsageautomaten. Von Kemp und Gierlinger (1988) liegt dazu ein opulenter Bildband mit Fachartikeln vor.

Die Sonderausstellung im Stadtmuseum Neumarkt/Oberpfalz zeigte von Oktober 2015 bis Januar 2016 ca. 60 historische Automaten aus einer Privatsammlung die aus der Zeit von 1885 bis 1950 stammten.

„Manche der Besucher konnten gar nicht genug bekommen. Sie drehten Kurbeln und bedienten die Hebel der vielen historischen Spielautomaten, die der Neumarkter Gernot Königer in den vergangenen Jahrzehnten gesammelt hat und die er nun im Neumarkter Stadtmuseum unter dem Titel „Leichtes Spiel für bare Münze" zeigt." (www.donaukurier.de)

Das Deutsche Automatenmuseum in Espelkamp beinhaltet auch die vormalige Sammlung der Spielautomaten-Gruppe Gauselmann. Jessica Midding, Kuratorin und stellvertretende

Museumsleitung hebt die früheren, vom damaligen gehobenen Bürgertum missbilligten populären Automaten in den Stand des „kulturellen Erbes". „Als Teil eines kulturellen Erbes mit jahrhundertealter Tradition sorgten diese Münzautomaten seit Ende des 19. Jahrhunderts für Vergnügen." Ab dem 19.05.2025 präsentiert die Ausstellung „Komm'se näher, komm'se ran!" rund 50 Exponate u.a. von Boxautomaten, Kraftmessern und Wahrsage-Automaten, die damals auf Kirmessen präsentiert wurden. (www.deutsches-automatenmuseum.de)

Auf eine private Initiative geht eine Flippersammlung zurück, die in der Selbstetikettierung als die größte in Europa bezeichnet wird. Einmal im Monat öffnet der Sammler seine mit 180 Flippern ausgestatteten Räumlichkeiten der Öffentlichkeit. Mit der Online-Anmeldung ist ein Betrag zwischen 30 und 40 € zu entrichten, der zu einer unbegrenzten Spieldauer berechtigt.

Abb. 13: „Europas größte" Flippersammlung

Quelle: screenshot; www.freddys-pinball-paradise.de

Die Tageszeitung „Die Welt" berichtete jüngst über eine besondere Veranstaltung: „2023 WM der International Flipper

Pinball Association (IFPA). Wieder eine Weltmeisterschaft nach Deutschland vergeben. Die Elite ist dafür ins hessische Echzell gekommen, einen 6000 Seelen Ort, gut 40 Kilometer nördlich von Frankfurt/Main mit 80 Teilnehmern aus 30 Ländern." (Frommann/Welt 2023) Ein TV Bericht der ARD vom 04.04.2023 ging ebenfalls auf „Freddy's Pinball Paradise" ein. Das Interview mit dem Betreiber (min. 2:32-2:52) befasst sich auch mit Kosten und Sozialstruktur:

„ARD: Manche kaufen solche Geräte auch für zu Hause. Ab 3000 € geht's los. Die Neuesten, mit digitaler Hightech, kosten über 10.000 €. Wer kauft sich sowas? Alfred Pika: „Das ist alles durcheinander. Das ist der Fahrer von der Müllabfuhr. Das ist ... der Rechtsanwalt, der Notar. Wir haben unheimlich viele Akademiker ... wirklich von überall her, aus allen Schichten." (www.youtube.com/watch?v=9iSFJaSmvps) Die Ablösung des Flipperns durch elektronische Computerspiele wurde u.a. mit der immergleichen und daher langweiligen Struktur begründet. Glashüttner (2015) weist demgegenüber auf die physikalischen Besonderheiten des Flipperspiels und seine damit verbundene Attraktivität hin. „Die elektromechanischen Feinheiten eines Flippers sind schwer nachzubilden. Es gibt in modernen Simulationen kaum Rücksichtnahme auf Details wie unterschiedliche Reibungswiderstände zwischen Ball und Spielfläche oder die ständig wechselnden Unterschiede in Drehung und Geschwindigkeit, denen die Kugel ausgesetzt ist." (Glashüttner 2015)

2 Spielen oder Bedienen? Wetten oder Zocken? Eine kategoriale Annäherung

Bislang ist wie selbstverständlich mit den zentralen Begriffen „Glücksspiel" und „Wette" operiert worden. Die verwendeten Termini geben jedoch nicht zwangsläufig Aufschluss darüber, ob sie die wesentlichen Eigenschaften und spezifischen Merkmale einer Praxis oder eines Gegenstandes treffend beschreiben. Die Problematik einer möglichen inkongruenten oder verfehlten Benennung im Verhältnis zu Eigenschaften und Spezifik wird insbesondere durch einen zeitlich andauernden, weit verbreiteten sowie alltäglichen und vorwissenschaftlichen Gebrauch vielfach nicht mehr ins Bewusstsein gerufen.

Auf einer 1. Stufe wird die Unangemessenheit von Benennungen bereits offensichtlich, hat aber, abgesehen vom fachlichen Diskurs, keine weiteren Auswirkungen. Drei einfache Beispiele können das bereits belegen. Erd"nüsse" fallen nicht in die Kategorie der Nüsse, sondern sind nach botanischer Klassifizierung Hülsenfrüchte. Türkischer „Honig" ist nicht etwa Honig mit geografischer Herkunftsangabe, sondern ein Gemisch aus Zucker sowie Öl und ist damit eine Etikettierung, wie sie dem Marketing eigen ist. See"pferdchen" werden seit der Antike aufgrund ihrer Formgebung so genannt, zählen biologisch jedoch zur Gattung der Fische. Derartige Beispiele ließen sich beliebig verlängern.

Die 2. Stufe der Argumentation bezieht sich nicht mehr nur auf die verfehlte Benennung, sondern zusätzlich auf die damit fälschlicherweise in Verbindung gebrachten Tätigkeiten und kulturellen Praxen. Vorgefertigte Tiefkühlkost in einer Pfanne zu erwärmen, durch einschalten des Herds und wieder ausschalten, erfüllt nicht die qualifizierte Tätigkeit des Kochens, auch bei mehrmaliger Wiederholung nicht. Das Servieren mit dem Selbstlob zu verknüpfen „schaut mal, was ich gekocht habe", würde auf allseitige Ablehnung oder Erheiterung stoßen. Essen erwärmen wäre demgegenüber die treffende Bezeichnung. Ein weiteres Beispiel auf dieser Stufe, ist das bedienen einer Drehorgel, bzw. eines Leierkastens. Über vorgestanzte Lochkarten kann durch die gleichmäßige Betätigung einer Kurbel eine vorgegebene Melodie erzeugt werden. Die Bedienung der Drehorgel qualifiziert dennoch nicht dazu, sich als Musiker zu verstehen oder als solcher beurteilt zu werden. Zumindest ist das gleichförmige Halten der Drehgeschwindigkeit eine schwach ausgeprägte Fertigkeit, ähnlich dem Umrühren der zu erwärmenden Tiefkühlkost.

In der 3. Stufe richtet sich der Fokus stärker auf die Eigenschaften und Spezifik einer kulturellen Praxis. Insbesondere ist darauf einzugehen, inwieweit bestimmte Handlungen und Tätigkeiten elementar sind, oder eher nebensächlich. Um Missverständnisse zu vermeiden, ist zu betonen, dass das Ziel nicht die Abwertung, sondern eine begründete Differenzierung und Abgrenzung zwischen spezifischen Merkmalen und Eigentümlichkeiten von Aktivitäten ist.

Als erstes Beispiel soll Schach angeführt werden, das fälschlicherweise oftmals als Sport anerkannt wird. Die Argumentation, dass Kalorien verbraucht werden, ein hoher Fitnesslevel erreicht sein muss, um stundenlanges Schachspielen durchzuhalten und es sich schließlich um „Denksport" handele, überzeugt keineswegs um Schach als Sport zu qualifizieren. Die beiden ersten Aspekte treffen auch auf intensive Gartenarbeit und viele andere Tätigkeiten zu. Die sprachliche Konstruktion, wettkampfbezogene kognitive Leistungen zu vergleichen, trifft auch auf zahlreiche andere komplexe Brettspiele zu. Auch Halma ist kein Sport, ohne das Spiel damit abzuwerten. Unterziehen wir uns dazu einem Gedankenexperiment und stellen uns zwei

Personen in einem Krankenhauszimmer vor, die bedauerlicherweise nach einem Unfall vollkommen eingegipst wurden. Die erste Person startet unvermittelt mit der Buchstaben-Zahlen-Kombination e2-e4. Der Bettnachbar antwortet mit e7-e5. Daraufhin g1-f3 und als Erwiderung b8-c6 usw. Der Kern dieses strategischen Kriegsspiels (Bauernheer, Offiziere usw.) ist von den beiden Personen ohne Bewegungsleistung bereits erfüllt. Auch Großraumschach mit dem Heben schwerer Figuren macht aus Schach keinen Sport (bspw. Schwerathletik), weil kein Vorteil daraus zu ziehen ist, die Großfigur mittiger auf das Einzelfeld zu platzieren, als der Gegenspieler. Zeitlich nachfolgend zum Begriff Denksport ist in jüngster Zeit der Begriff E-Sports etabliert worden. Hier geht es nicht nur um eine clevere strategisch-terminologische Besetzung des Begriffs, sondern aus Sicht der damit verbundenen Industrie (die Ebene der Branche ist längst überwunden) um die Anerkennung der Gemeinnützigkeit und damit um Milliarden von Euro an Einsparungen. Warum „E-Sport" kein Sport ist, hat u.a. Borggrefe 2018 in ihrer schriftlichen Stellungnahme im Rahmen der öffentlichen Anhörung zum Thema „Entwicklung des E-Sports in Deutschland" an den Sportausschuss des Deutschen Bundestages ausgeführt. „Beim eSport gibt es zwar eine körperbezogene Handlung, nämlich die Bedienung eines Controllers, aber bei dieser Handlung handelt es sich nicht um eine sportartbestimmende motorische Aktivität. eSportler kommunizieren ja nicht, „Ich kann klicken!" oder „Ich kann besser klicken als Du!", sondern Sinn bekommt ihre Handlung erst durch das virtuelle Geschehen, also durch die Bewegungen eines Avatars. Das heißt: Die motorische Aktivität ist entkoppelt vom eigentlichen Spielgeschehen. Die Zuteilung von Sieg und Niederlage erfolgt im eSport nicht darüber, wie viele Klicks pro Minute jemand schafft oder welche Tastenkombinationen koordinativ bewältigt werden, sondern darüber,

wie viele Tore ein Avatar bei der Fußballsimulation schießt ..."
(Borggrefe 2018) Diese Argumentation stößt insbesondere auf
Seiten der eSport-Industrie aus ökonomischen Erwägungen auf
wenig Zustimmung, allerdings kann sie inhaltlich der Argumentation wenig entgegensetzen. Greifen wir ergänzend zu Borggrefe das eben angeführte Beispiel der Drehorgel auf, so erkennen wir in der Argumentation strukturelle Ähnlichkeiten. Auch
wenn die Aufgabe des Drehorgelspielers darin bestünde,
schneller und langsamer drehen zu müssen, mit Pausen usw.,
also eine gewisse Virtuosität des Drehens erforderlich wäre, so
bleibt es bei der vorgefertigten Melodie. Damit ist er mit Sicherheit kein Komponist und allenfalls ein virtuoser Musikbediener.
Dieser Aspekt führt nun zum abschließenden Beispiel der dritten Stufe. Eine Person die Platten (vor Publikum) auflegt, führt
gemeinhin die Bezeichnung Diskjockey (DJ). Zutreffend dürfte
eine allseitige Zustimmung darüber sein, dass es sich hier nicht
um einen Musiker oder Komponisten handelt. In dem Moment
wo die Techniken des Backspinning (Zurückziehen oder -dre-
hen einer Platte), Beatjuggling (Benutzung einer Platte als
Rhythmuseinheit), Beatmatching (Synchronisieren zweier Platten) und Scratching (Benutzung einer Platte als Solo-Instru-
ment) eingeführt werden, stellt sich die zentrale Frage, was davon lediglich Bedienung ist oder kreative Leistung. Das ist die
zentrale Kategorie, mit der darüber entschieden werden kann,
ob die Ebene des DJ verlassen und zugunsten der Ebene des
Musikers, Musikkünstlers oder Komponisten erreicht wird.
Dieser zugegeben lange Anlauf mit zahlreichen Beispielen war
notwendig, um eine entsprechende Sensibilität und ein Verständnis dafür zu entwickeln, dass ein Großteil dessen, was als
„Glücksspiel" und „Wette" bezeichnet wird, überwiegend nicht
zutreffend ist! Das ist keine Petitesse und keine Frage, die vor-
schnell übergangen werden kann. Sie ist vielmehr von zentraler

kultureller, (kultur-)politischer und ökonomischer Bedeutung. Mit der bisherigen Herleitung kommen wir nun auf die Thematik Automaten"glücksspiel", das im doppelten Sinne unzutreffend ist.

Henzgen und Meyer haben jüngst auf die problematische Verwendung des Begriffs „Glück" für das so genannte „Glücksspiel" hingewiesen. „Doch „das Glücksspiel" im Sinne eines trennscharfen Gattungsbegriffs mit klarem Begriffsumfang und -inhalt, der universelle Gültigkeit für sich reklamieren könnte, gibt es nicht und gab es nie. Was es seit jeher gibt, ist die Spielform der Regelspiele, zu denen Gewinnspiele gehören, die sich durch die Komponente des Zufallsgrads auszeichnen. Und innerhalb dieser Gewinnspielkategorie lässt sich wiederum die Spielart der Geldspiele als Subkategorie ausmachen." (Henzgen, Meyer 2024, S 2f) Mit dem Begriff des Zufalls wird das, was gemeinhin und traditionell unter Glücksspiel bezeichnet wird, zutreffender gefasst. „Vielmehr ist „Glück" ein provisorischer und analytischer Begriff für starke Emotionen, eigene Machbarkeitsvorstellungen und Lebenskunstentwürfe. Glück ist also etwas, das von Generation zu Generation historisch jeweils neu verhandelt wird. Damit wird zugleich auch das Gewinnspiel konsequent vom Begriff „Glücksspiel" getrennt." (Henzgen, Meyer 2024, S 3)

Dieser Argumentation wird bis hierhin gefolgt, sie bleibt aber gleichsam auf halbem Wege stecken. Problematisiert werden muss bei zufallsbasierten Automatengeld"spielen" zudem die Kategorie des Spiels selbst. Auf die Subjekte bezogen stellt sich die Frage, was an ihren Handlungen sich zur Tätigkeit „Spielen" qualifiziert, oder in Unterschreitung dazu, lediglich die Simulation von Spielen ist, bzw. das Bedienen einer Apparatur.

Um sich der Problematik anzunähern, greifen wir auf die zwei vollkommen eingegipsten Personen im Krankenhauszimmer zurück, die Besuch bekommen und gemeinsam ein Würfelspiel spielen. Kernelement des Spiels ist es, den Würfelbecher zu betätigen und anhand der Spielidee strategische Entscheidungen zu treffen (z.B. bei „Kniffel"). Die beiden Personen bekommen angesichts ihrer Bewegungsunfähigkeit einen Stift in den Mund mit dem sie eine Taste betätigen können, wodurch ein externer Greifarm betätigt wird, der würfelt. Spielen die eingegipsten Personen, obwohl sich nicht unmittelbar selber gewürfelt haben? Die Frage muss bejaht werden, weil sie durch ein innovatives Hilfsmittel am Spiel teilnehmen können. Der Greifarm übernimmt die Funktion des Würfelns für die eingegipsten Personen. Mit dieser Funktion können sie das Kernelement des Spiels, die Betätigung des Würfelbechers, ausführen, wenn auch indirekt und strategische Entscheidungen treffen. Sie sind damit als vollwertige TeilnehmerInnen in das Würfelspiel integriert, da sie die gleiche Aktion wie die anderen SpielerInnen durchführen können, nur mit technischer Unterstützung. Sie sind, und das ist zentral, unmittelbar an der Erzeugung des Spiels beteiligt.

Nun unterscheidet sich die Betätigung einer Start- und Stopptaste des Greifarms oberflächlich gesehen nicht von der Start- und Stopptaste an einem Geldspielautomaten und doch liegt darin ein wesentlicher qualitativer Unterschied.

Die eingegipste Person aktiviert einen Prozess (den Greifarm), der einen Würfel wirft und zu einem echten Zufallsergebnis führt. Die zentrale Kategorie ist das *Erzeugen* eines Spiels, das durch Aktivität, einen gelingenden Einfluss auf einen nicht vorhersehbaren Prozess und ein nicht vorhersehbares Ende hat. Etwas pathetisch formuliert, erzeugen die SpielerInnen ein Werk und bringen es, auch ohne ZuschauerInnen, zur Aufführung.

Demgegenüber wird im Automaten ein vorprogrammierter, komplexer mathematischer Algorithmus ausgelöst und das Ergebnis durch einen Zufallszahlengenerator (RNG) bestimmt. Damit wird ein Pseudozufall generiert, der auf längere Sicht eine vorab eingestellte Auszahlungsquote einhält. Die Parallelität zu der bereits beantworteten Frage, ob E-Games Sport sind, wird hier evident! Als Wiederholung Borggrefe (2018): Die motorische Aktivität ist entkoppelt vom eigentlichen Spielgeschehen. Die Zuteilung von Sieg und Niederlage erfolgt im eSport nicht darüber, wie viele Klicks pro Minute jemand schafft oder welche Tastenkombinationen koordinativ bewältigt werden…"
Für den zufallsbasierten Geldautomaten heißt dies: Das Drücken der Start- und Stopptasten ist entkoppelt vom festgelegten Ablauf der Walzen mit ihren Symbolen. Die derzeitigen Automaten sind dabei auf eine Dauer von fünf Sekunden pro „Einheit" eingestellt. Abzuziehen sind davon die Sekunden, in denen das Geld als spielfähig verarbeitet wurde und vice versa. Der zeitliche Zwischenraum, in dem sich die Walzen drehen und die Symbole angezeigt werden reduziert sich auf etwa zwei Sekunden. Die Person spielt nicht, sondern bedient einen Automaten, der unabhängig und vorprogrammiert abläuft und damit greift sie auch nicht in den Ablauf ein oder erzeugt gar ein Spiel, sondern kann den Ablauf, ähnlich wie eine TV-Fernbedienung, unterbrechen.

Der Vorstandssprecher der Deutschen Automatenwirtschaft, Georg Stecker dehnt den Spielbegriff allerdings bis zur Unkenntlichkeit.[12] „Alles was zwischen dem Einsatz des Geldes und der Auszahlung des Gewinns beziehungsweise bis zur Einstreichung des Einsatzes passiert, das ist das Spiel. Wie die

---

[12] Nachfolgend richtet sich die Kritik keinesfalls gegen die Person, sondern ausschließlich auf die Inhalte der Aussage, die als Position des Verbandes zu verstehen sind.

einzelnen Spielabschnitte gestaltet werden, liegt einzig und allein beim Spielentwickler und seiner Kreativität." (Fuchs/ www.rnd.de 2019)

Eine derart offenherzige und zugleich entblößende Aussage ist überraschend und kann als Vorlage dankbar aufgenommen werden. Man kann der Absurdität der Aussage mit einer Spiegelung treffend beikommen. In der Logik des ersten Teils der Aussage würden alle jene, die sich Geld am Bankautomaten auszahlen lassen, oder einzahlen (das soll auch vorkommen), während des Bearbeitungsvorgangs spielen. Auf die Spitze getrieben, müsste demnach auch darüber nachgedacht werden, wie viel das Personal an Supermarktkassen spielt und ob KassiererInnen einer Bank überhaupt noch entlohnt werden sollten. Sowohl das Zitat, als auch die ironisierenden Beispiele beziehen sich selbstverständlich auf rein technische Vorgänge ohne jeglichen Spielcharakter.

Der zweite Teil des Zitats ist insofern bemerkenswert, weil im ersten Moment eine Unsicherheit darüber aufkommen kann, wer konkret gemeint ist. Der „Spielentwickler" im Sinne eines Spielers, der mit seiner Aktivität das Spiel entwickelt ist allerdings nicht intendiert. Tatsächlich sind es die Personen „einzig und allein" (sic!), die Abfolge und die Nebeneffekte konzipieren. Damit unterbietet das vermeintliche „Spiel" an Eingriffs- und Gestaltungsmöglichkeiten noch redundante und repetitive Quick-Time-Events (QTEs). In Kenntnis über diesen Sachverhalt, muss die aufwändige „Verpackung" als Quasi-Zusatzverkäufer agieren. Der Illusionsraum wird angefüllt mit Geräuschen, Farben, Lichtern bis hin zu Basslautsprechern im Fußraum, um auch ein taktiles Erleben über Schallwellen zu produzieren. Dieses ausgefeilte Beiwerk, so individualpsychologisch geschickt es auch eingesetzt sein mag, erhebt die Bedienung des

Automaten dennoch nicht zum Spiel.[13] Auch die abwechslungs-
reichste Choreographie der Ultras im Fußballstadion macht aus
einem Zuschauer keinen Spieler, selbst wenn er bei einem Eck-
ball der von ihm favorisierten Mannschaft den Kopfball mental
und motorisch simuliert.[14]

Im Auftrag des Bundesverbandes der Automatenunternehmer
haben Junge et al. 2023 eine Studie zur Spielmotivation und
Spielfreude an Geldspielgeräten vorgelegt. Die Autoren erzeugen durch ihre umfangreiche Befragung zwar interessante Ant-
wortergebnisse, ordnen diese aber aufgrund fehlender kategori-
rialer Grundlagen merkwürdig ein. „Auch in der vertiefenden
Bewertungsfrage nach den jeweiligen Spielfunktionen, aus denen heraus die Spielfreude erwächst, wird deutlich, dass die
Freispiele und der Geldgewinn Kernelemente des Spiels sind."
(Junge et al. 2023, S. 9f) Die Antworten verweisen auf die häu-
figsten genannten Emotionen und Motive, sie können aber
nicht die Kernelemente eines Spiels begründen. Hier liegt also
bereits ein Indexierungsfehler vor. Die Kernelemente eines
Spiels begründen sich unabhängig von Spielerbefragungen
durch die intendierte Spielidee. Würde Memory um viel Geld
gespielt und die Befragten äußern überwiegend „Geldgewinn",
so bleibt davon unberührt, dass das Kernelement „Paarbildung

---

[13] Parallel dazu ist auf die Illusion hinzuweisen, Kreativität mit künstlerischen Fragmenten in der Werbung wäre bereits Kunst. Erinnert sei
an dieser Stelle an die „Cannes-Rolle ´85". Eine zweistündige Kompi-
lation an Werbespots, und sich mit ihrer kommerziell ausgerichteten,
zweckgebundenen Kreativität zum Verkauf von Waren als „Kinofilm"
ausgab, ohne jedoch ein kohärentes künstlerisches Werk zu schaffen.
Als völlig absurdes Intermezzo wurden vor den europäischen Werbespots („Film") zusätzlich noch 20 Minuten deutsche Werbespots ge-
zeigt.

[14] Immerhin können die Ultras das Fußballspiel psychologisch beeinflussen, was dem Bediener des Geld"spiel"automaten nicht möglich
ist.

durch Gedächtnisleistung" ist (wie gelungen oder mißlungen sie auch immer sein mag). Die ermittelten Frei"spiele" als Bonus-Nebenleistung laufen auf eine Tautologie hinaus. Die positiv bewerteten Handlungen werden durch Frei"spiele" verlängert. Deswegen sind dann auch Frei"spiele" positiv. Das Kernelement des „Spiels" bleibt dennoch im Verborgenen. Ebenso ist der „Geldgewinn" kein Kernelement, sondern ein Motiv zur Teilnahme sowie bei einer Auszahlungsquote von 65 % teilweise das Ergebnis, so dass auch hier nichts über die Art und Weise des Zustandekommens ausgesagt ist.

Einige wenige kommerzielle Anbieter und Vereine bieten Flatrate-Spielen an, zumeist für Billard, Bowling, Kicker, Flipper und Dart. Lassen wir uns an dieser Stelle erneut auf ein Gedankenexperiment ein und erweitern die Palette der Angebote. Die nachfolgend aufgeführten Spiele dürfen für eine Flatrate von 20 € an einem Abend gespielt werden. In der entsprechenden Angebotslogik der Flatrate, würde, wie bei allen anderen Spielen auch, kein Geld mehr eingezahlt werden und auch keines ausbezahlt.

1. Kategorie: Billard, Bowling, Kicker, Flipper, Dart, 2. Kategorie: Black Jack, Poker, 3. Kategorie: Roulette, 4. Kategorie: Geldspielautomat - alle Spiele sind ohne Gewinn- und Verlustmöglichkeit. Angeboten wird also lediglich der Kernbereich der jeweiligen Spiele. Wie lange und wie viele Personen würden sich mit einem Spiel befassen, bzw. mit einer Spielkategorie? Folgende hypothetische Verteilung der Spieler auf die verschiedenen Kategorien ist plausibel anzunehmen:

Kategorie 1: Billard, Bowling, Kicker, Flipper, Dart
Größte Anzahl an Teilnehmern, unterschiedliche Spielerfahrungen, bewegungsbezogen, interaktiv, ansteigende Lernkurve, dauerhafte Aktivität über mehrere Stunden

Kategorie 2: Black Jack, Poker
Zweitgrößte Anzahl an Teilnehmern, Strategie und Taktik weiterhin möglich, dosierte Interaktion, dauerhafte Aktivität über mehrere Stunden möglich
Kategorie 3: Roulette
Geringes Interesse, als Testvariante ohne Geldeinsatz über einen kurzen Zeitraum möglich, danach redundant mit geringer Attraktivität
Kategorie 4: Geld"spiel"automaten
Geringstes Interesse, redundant, Langeweile erzeugend, rasche Abwendung.

Was könnte auch den spezifischen Reiz ausmachen, vor einem Gerät zu sitzen und in bspw. drei Stunden ca. 500-mal zwei Sekunden Abläufen zuzuschauen, die bis auf eine Stopp- und „Risiko"taste nicht zu beeinflussen sind. Wer hat ein spezifisches Interesse daran, über diesen Zeitraum schnell drehende Walzen zu verfolgen, die nach zwei Sekunden einige Symbole anzeigen. Mit dieser rhetorischen Frage wird die Benennung zufallsbasierter Automaten als „Glücksspiel" im doppelten Sinn verworfen. Weder „Glück" noch die Tätigkeit des Spielens sind zutreffend, sondern die unterhalb der Tätigkeit liegende Kategorie der Handlung, als Bedienung eines Automaten. In den Fällen abhängigen Verhaltens unterschreiten diese Personen selbst diese Ebene, weswegen dann der Begriff des Hasardierens als angemessen erachtet wird.
Angesichts der Redundanz des Geld"spiel"automaten müssen im engeren und weiteren räumlichen Umfeld zwingend ästhetisierende Accessoires eingesetzt werden, um ein Spielerlebnis zu stimulieren und zu suggerieren. Zu allererst kommen audiovisuelle Reize zur Anwendung, verbunden mit einer aufwendigen Grafik und kurzen animativen Einspielungen. Beabsichtigt sind

dadurch impulsives Verhalten sowie eine Ausdehnung der Verweildauer. Schwach beleuchtete Räume, häufig ohne Tageslicht, fehlende Uhren sollen die Raum-Zeit-Wahrnehmung reduzieren und so eine Fixierung auf die Automaten ermöglichen. Über so genannte Mehrfachgewinnlinien wird eine Erweiterung der wahrgenommenen Gewinnchancen suggeriert. Über die Programmierung variabler Belohnungssysteme treten zwischenzeitliche Gewinne unvorhersehbar auf, die ebenfalls die Verweildauer beeinflussen und Hoffnung auf einen kommenden (hohen) Gewinn nähren. Die schnelle Abfolge der Walzendrehungen soll sowohl Spannung und Erregung aufrechterhalten, als auch die notwendige Zeit zur Reflektion reduzieren. Das Drücken von Tasten (z.B. Start- oder Stopptaste) erzeugt die Illusion von Kontrolle, jedoch ohne einen Einfluss auf das Ergebnis zu erwirken.

Grafik 4: Handlungen und Interessen an Geld"spiel"automaten

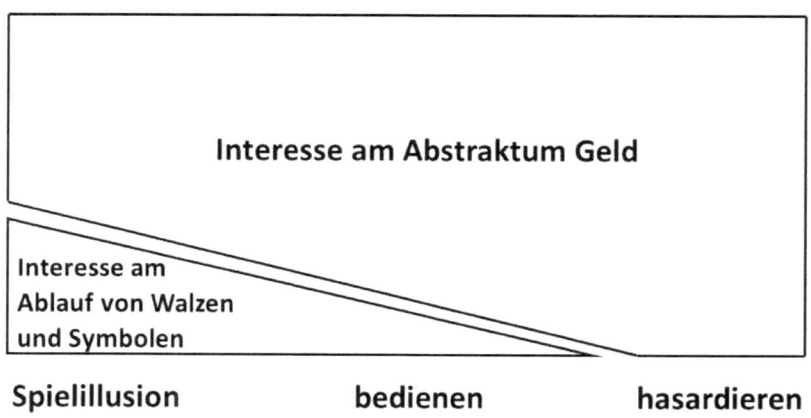

Quelle: eigene Darstellung

Die Diskussion um den Begriff der „Wette" soll mit Bezug auf Sportereignisse geführt werden. Insofern besteht eine historisch enge Anbindung an die Ausprägung des englischen Sports.[15] Wetten waren selbstverständlicher Bestandteil der englischen, anfänglich durch den Adel geprägten Sportkultur. Die Pferdezucht hatte für die Landwirtschaft, Mobilität und Militär eine wesentliche Bedeutung. Im Kontext der zahlreichen Pferderennen wurde zumeist auf die eigenen Pferde gewettet. Im weiteren Verlauf auch auf andere Sportarten, u.a. Golf, Rudern, Tennis, an denen der Adel, später auch das (Groß-)Bürgertum beteiligt waren. Der so genannte Gentleman-Sport schloss Professionelle aus, weil sie einen körperlichen Vorteil durch ihre „einseitigen" Tätigkeiten hatten, wie bspw. Boten zu Pferd, Boten als Läufer, Fährmänner als Ruderer usw. Die Wetten, teils aus Langeweile abgeschlossen und weil genügend Mittel durch ererbtes Kapital und regelmäßige leistungslose Einkünfte verfügbar waren, wechselten sich im Ergebnis ab, da ein besonders ausgeprägtes und verbissenes Training auf den Wettkampf als einem Gentleman nicht angemessen interpretiert wurde.

Erst mit der professionellen Herausbildung des Buchmacherwesens und im Verlauf des 20. Jahrhunderts mit der Etablierung des Massensports wurden Wetten nach und nach von ihrem unmittelbaren Bezug entkoppelt. Mit massenhaft zur Verfügung stehender Kaufkraft kam es zur weiteren Verbreitung des Wettwesens, insbesondere im Fußball. Die ökonomisch unteren Schichten trieb zumeist das illusionäre Wunschdenken, mit einem Gewinn die restriktiven Lebensverhältnisse wenigstens ein bisschen positiver gestalten zu können. Über den

---

[15] Christiane Eisenberg hat 1999 in ihrer Habilitationsschrift „English Sports und Deutsche Bürger" den Transformationsprozess des ursprünglich adeligen Gentleman-Sports beschrieben und analysiert.

industriellen Vorsprung des Vereinigten Königreichs und seine kulturelle Vormachtstellung (teils auch Hegemonie) verbreiteten die im Deutschen Reich tätigen Briten sowohl den Sport, als auch im Nachgang das damit verbundene Wettwesen. Neben dem deutschen Turnen und der schwedischen Gymnastik etablierte sich so seit Ende des 19. Jahrhunderts der Sport als drittes Standbein der damaligen europäischen Sportkultur.

Von der Wette des Gentlemans auf sich selbst im 19. Jahrhundert bis zur derzeit möglichen „Wette" auf alles Beliebige ohne irgendeinen Kontext herstellen zu können und zu wollen (!), ergibt sich eine Taxonomie der inhaltlichen Bezüge zur Sportkultur.

Nicht etwa die Unkenntnis einer/eines Wettenden, oder die emotional aufgeladene Wette auf den Heimatverein, die sich häufig als irrational und zumeist chancenlos erweist, sind problematisch. Vielmehr ist es die Dekontextualisierung und Beliebigkeit auf wen und was gesetzt wird. Damit wird der sportkulturelle Bereich verlassen und ergibt den Dominanzumschlag zum Zocken und Hasardieren.

Als Vergleich bieten sich Aktivitäten an der Börse an, die ursprünglich als Marktplatz für Investoren und Unternehmen konzipiert waren. Für Landwirte galten Warentermingeschäfte als Versicherung gegen Ernteausfall. Kurzfristige Spekulationen, die teilweise im Sekundentakt erfolgen, fallen demnach nicht mehr in die Kategorie des klassischen Investments. Mit dem Desinteresse am Unternehmen oder Produkt erfahren diese Aktivitäten ebenfalls einen Dominanzumschlag, die die Idee des Investments nicht mehr zu erfüllen vermögen.

Tabelle 2: Taxonomie der inhaltlichen Bezüge zur Sportkultur

Individualisierung	Wette auf die eigene Aktivität als Gleicher unter Gleichen
Engstes Umfeld	Wette auf die „eigenen" Angestellten und Pferde
Kennerschaft	Wissen um die Qualifikation von Akteuren oder Pferden aus dem nahräumlichen Umfeld
Emotionale Bindung	Wetten auf den Heimatverein, oder positive Bindung zu bestimmten Sportakteuren
Verbundenheit	Wetten auf Sportakteure oder Vereine aufgrund biographischer oder aktueller Bezüge
Interesse	Kenntnisse über eine Sportart und Wetten auf Akteure einer oder mehrerer Ligen
Beliebigkeit	Desinteresse an Sportakteuren, Wetten stehen im Vordergrund, zocken
Abhängigkeit	Desinteresse an Sportakteuren, Gelderwerb steht im Vordergrund, hasardieren

Quelle: eigene Darstellung

Insofern das Spiel und die begründbare Wette nicht mehr im Vordergrund stehen und damit beliebig werden, bleibt nur noch die Gewinnabsicht als dominante Motivation.

Grafik 5: Handlungen und Interessen an Sport"wetten"

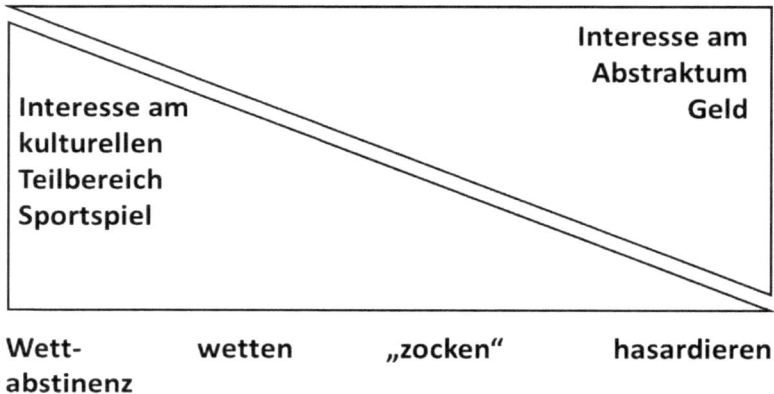

Quelle: eigene Darstellung

Mit der Fixierung auf das Abstraktum Geld wäre auch die Aussage des Buchuntertitels gelöst. Nicht „die" Spielhallen und „die" Wettbüros sind die schwarzen Schafe der Stadtkultur. Weder Spielen noch Wetten sind inhärent problematisch. Das Problem liegt vielmehr in der Konfiguration und inneren Struktur des Angebots begründet. Durch die Suggestion und Selbstsuggestion des vermeintlichen „Spielens" und das sportkulturelle Desinteresse der Anbieter und eines Teils der NutzerInnen können die vollmundigen Versprechungen und Erwartungen systematisch nicht eingelöst werden.

3 „Profit durch Nervenkitzel"
Ökonomische Entwicklung der Branche

Die erste Spielhalle eröffnete in der Bundesrepublik 1974 und begründete damit den Start zu einem in dieser Form neuen und zusätzlichen Angebot. Die Entwicklung der Automaten"spiel"-branche, der Spielhallen und im späteren Verlauf der Wettbüros, ist im Kontext einer allgemeinen Kommerzialisierung und Kommodifizierung vormals privat- oder vereinsbetriebener Aktivitäten zu kennzeichnen. Auf die Zusammenhänge zwischen Freizeit- und Urlaubszeit sowie frei verfügbarer Kaufkraft in den 1920er Jahren und der damit verbundenen Beförderung einer ausdifferenzierenden Freizeit- und Kulturindustrie, ist bereits eingegangen worden. Insbesondere ab den 1970er Jahren drängten kommerzielle Anbieter in verschiedene Felder, die zuvor überwiegend im Non-Profit-Bereich angesiedelt waren.

Tabelle 3: Aufkommen kommerzieller Anbieter im „Freizeit-Sektor"

Startjahr(e)	erste kommerzielle Anbieter
1955	Mini-Golf-Anlage
1956	Body-Building-Studio
1960er	Autokinos
1965	Tennis-Schule
1967	Freizeitpark
1970er	Kampfsportschulen + Fitness-Studios
1974	Spielhalle
1970er	Jugendreisen/Sprachreisen
1984	Radio-Sender + TV-Sender
1986	Musical

Teilweise traten kommerzielle Anbieter auch nur mit modifizierten Angeboten oder inkrementellen Innovationen auf den Markt. Die (nicht vollständige) Auflistung bedeutet keinesfalls, dass sich derartige kommerzielle Angebote erstmals konstituierten und im weiteren Verlauf etablierten. So genannte Ballhäuser, in denen Tennis gespielt wurde, existierten für den Adel und die damalige ökonomische Oberschicht bereits im Spät-Mittelalter. Vielmehr ist darauf hinzuweisen, dass in einer Phase der ökonomisch prosperierenden Wirtschaftsentwicklung, der damit verbundenen anwachsenden Kaufkraft, dem arbeitsfreien Samstag und erweiterten Urlaubsansprüchen das Thema Freizeit und Freizeitgestaltung zunehmend an Bedeutung gewann.[16] In dieser Phase war es möglich, das Freizeitangebot auszuweiten und zu kommerzialisieren, wenngleich die aufkommende Konkurrenz zu den Vereinen und Verbänden von diesen mit Sorge betrachtet wurde.[17] Die rasante Ausweitung brachte nicht ausschließlich zusätzliche Angebote, sondern erzeugte auch Verdrängungseffekte. Im Hinblick auf die Hauptaktivität „Spielen" waren insbesondere die Bowling- und Billard-Center betroffen. Aktivitäten mit dem hauptsächlichen Motiv der Gewinnabsicht verlagerten sich allmählich von Kneipen und Gaststätten weg, da sie lediglich zwei bzw. drei

---

[16] Der Westdeutsche Rundfunk zeigte zu dieser Thematik eigens in seinem Regional-Fernsehprogramm von 1978 bis 1990 die Sendung „eff eff" („Freizeit & Fitness"). An Hochschulen entstanden Studiengänge zu Freizeitpädagogik und Freizeitsoziologie mitsamt zahlreichen Publikationen. Allerdings war der Begriff auch wegen seiner terminologischen Unschärfe umstritten.

[17] In fast schon kurioser Fehleinschätzung sah der damalige Deutsche Sportbund Mitte der 1970er Jahre die Hauptkonkurrenz für den organisierten Sport in den sich ausweitenden „Sport"-, eher Bewegungsangeboten der Volkshochschulen und in zweiter Linie im Bereich der damaligen Body-Building-Studios, die sich erst später zu Fitness-Center entwickelten.

Automaten aufstellen durften. Darüber hinaus unternahm der Deutsche Städtetag im Jahr 2013 den Versuch, Glücksspiel-Automaten in Kneipen und Gaststätten verbieten zu lassen, scheiterte allerdings politisch mit seiner Forderung (Süddeutsche Zeitung/dpa 2013).

Im Rahmen des staatlichen Glückspielmonopols werden Konzessionen für so genannte erlaubnisfähige Glücksspiele vergeben. Tabelle 4 führt die einzelnen Segmente auf. Von besonderem Interesse sind die beiden Segmente „Geldspielgeräte (GSG) der gewerblichen Automatenaufstellung" sowie „Sportwetten".

Tabelle 4: Erlaubnisfähige Glücksspielsegmente

Casinospiele (Großes und Kleines Spiel) in Spielbanken
Geldspielgeräte (GSG) der gewerblichen Automatenaufstellung
Staatliche Lotterien des Deutschen Lotto-Toto-Blocks (DLTB)
Staatliche Klassenlotterien
Soziallotterien
Sparlotterien (Lotterien des Gewinn- und PS-Sparens)
Gewerbliche Spielvermittlung von Lotterien
Pferdewetten von Rennvereinen mit Totalisator + Buchmachern
Sportwetten
virtuelle Automatenspiele
Online-Poker
Online-Casinospiele

Quelle: Gemeinsame Glücksspielbehörde der Länder 2024a, S. 58

In der Verordnung über Spielgeräte und andere Spiele mit Gewinnmöglichkeit (Spielverordnung – SpielV) führt Paragraph 1, Absatz 1 aus, wo die Aufstellung von Geldspielgeräten erlaubt ist: „Ein Spielgerät, bei dem der Gewinn in Geld besteht

(Geldspielgerät), darf nur aufgestellt werden in 1. Räumen von Schank- oder Speisewirtschaften, in denen Getränke oder zubereitete Speisen zum Verzehr an Ort und Stelle verabreicht werden, oder in Beherbergungsbetrieben, 2. Spielhallen oder ähnlichen Unternehmen oder 3. Wettannahmestellen der konzessionierten Buchmacher."

In der Spielverordnung wird in Absatz 2 zudem aufgeführt, wo Geldspielgeräte nicht aufgestellt werden dürfen. Die Hauptbegründung bezieht sich dabei auf den Schutz von Kindern und Jugendlichen: „Ein Geldspielgerät darf nicht aufgestellt werden in 1. Betrieben auf Volksfesten, Schützenfesten oder ähnlichen Veranstaltungen, Jahrmärkten oder Spezialmärkten, 2. Trinkhallen, Speiseeiswirtschaften, Milchstuben oder 3. Schank- oder Speisewirtschaften oder Beherbergungsbetrieben, die sich auf Sportplätzen, in Sporthallen, Tanzschulen, Badeanstalten, Sport- oder Jugendheimen oder Jugendherbergen befinden, oder in anderen Schank- oder Speisewirtschaften oder Beherbergungsbetrieben, die ihrer Art nach oder tatsächlich vorwiegend von Kindern oder Jugendlichen besucht werden." (www.gesetze-im-internet.de)

Das Steigerungspotential für Geldspielautomaten in Spielhallen und insbesondere Gaststätten erreichte Mitte der 2010er Jahre seinen Scheitelpunkt. Seit 2016 sinken die Zahlen kontinuierlich und markieren einen Verlauf, den andere Freizeitsegmente zuvor bereits hinnehmen mussten. Im nichtkommerziellen öffentlichen Raum sei auf die zahlreichen Tischtennis-Beton-Platten oder Boule-Anlagen hingewiesen, die nicht mehr mit einer entsprechend hohen Anzahl an NutzerInnen korreliert. Ebenso ist seit der Hochphase der 1980er und 1990er Jahre die Anzahl der Billard-Cafes und Bowling-Center gesunken.

Im Jahr 2022 gab es in Deutschland 5.350 steuerpflichtige Spielhallen und weitere Betriebe (Gaststätten) mit Spielautomaten. Einbezogen werden dabei nur Betriebe mit mehr als 22.000 Euro steuerpflichtigen Jahresumsatz. Die Anzahl an Spielhallen ist im Verlauf der damaligen Finanz- und Wirtschaftskrise in den Jahren 2007 und 2008 deutlich gesunken und fand nachfolgend mit deutlichen Steigerungsraten in den Jahren 2016-2018 ihren Höhepunkt.

Grafik 6: Anzahl der Spielhallen in Deutschland 2002-2022

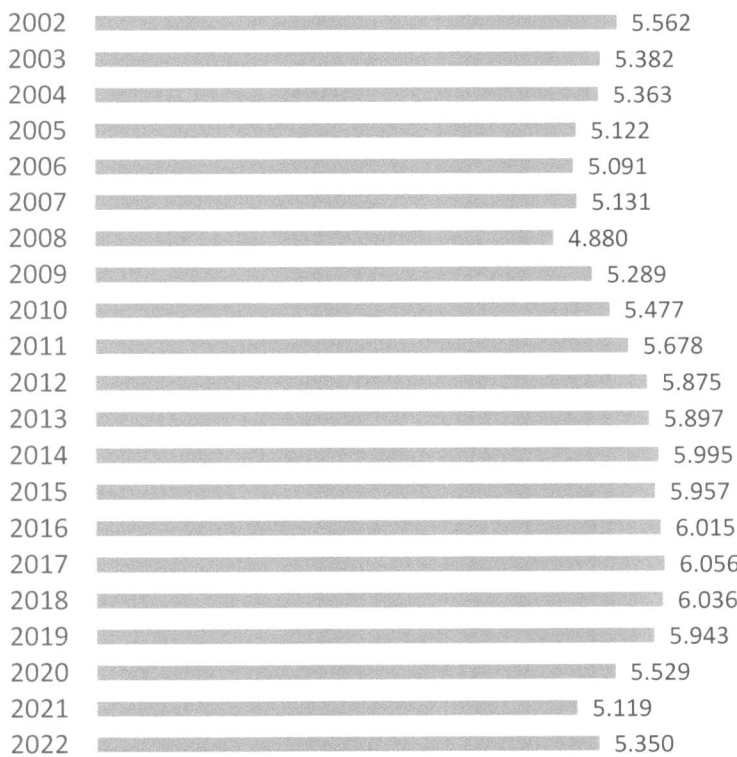

2002	5.562
2003	5.382
2004	5.363
2005	5.122
2006	5.091
2007	5.131
2008	4.880
2009	5.289
2010	5.477
2011	5.678
2012	5.875
2013	5.897
2014	5.995
2015	5.957
2016	6.015
2017	6.056
2018	6.036
2019	5.943
2020	5.529
2021	5.119
2022	5.350

Quelle: Statistisches Bundesamt 05/2024; eigene Darstellung

Mit den massiven Einschränkungen im öffentlichen Leben, die während der „Corona-Phase" beschlossen wurden, sank die Anzahl der Spielhallen erneut. Zur gleichen Zeit trat der Glücksspielstaatsvertrag 2021 in Kraft, der das bislang untersagte Onlinespiel unter Auflagen erlaubte.

Grafik 7: Umsätze der Unterhaltungsautomatenwirtschaft 2002-2022 in Mrd. €

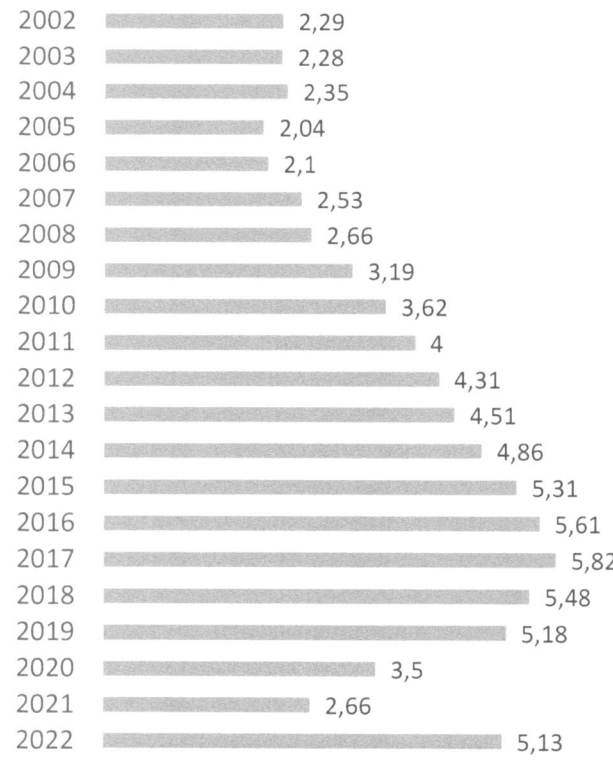

Jahr	Umsatz
2002	2,29
2003	2,28
2004	2,35
2005	2,04
2006	2,1
2007	2,53
2008	2,66
2009	3,19
2010	3,62
2011	4
2012	4,31
2013	4,51
2014	4,86
2015	5,31
2016	5,61
2017	5,82
2018	5,48
2019	5,18
2020	3,5
2021	2,66
2022	5,13

Quelle: Statistisches Bundesamt 05/2024; eigene Darstellung

Ursprünglich als Alternative gegen illegale Angebote gedacht, dürfte zukünftig eine weitere Verlagerung vom stationären Angebot zum Online-Angebot stattfinden. Noch ausgeprägter als bei den Spielhallen entwickelten sich die Umsatzverluste. Die Diskrepanz ist darauf zurückzuführen, dass ein Großteil der Spielhallen während der Corona-Phase in der Lage war, mit nahezu „halbierten" Einnahmen ihren Betrieb weiter zu führen, bzw. weiter führen zu können.

Ein interessantes Phänomen zeigt sich anhand der Anzahl der Geld"spiel"automaten. Obwohl die Umsätze von 2022 mit dem Vor-Corona-Niveau von 2019 vergleichbar sind, hat sich im selben Zeitraum die Anzahl der Geld"spiel"automaten von 225.000 auf 161.000 reduziert.

Grafik 8: Anzahl der Geldspielautomaten von 2016 bis 2022[18]

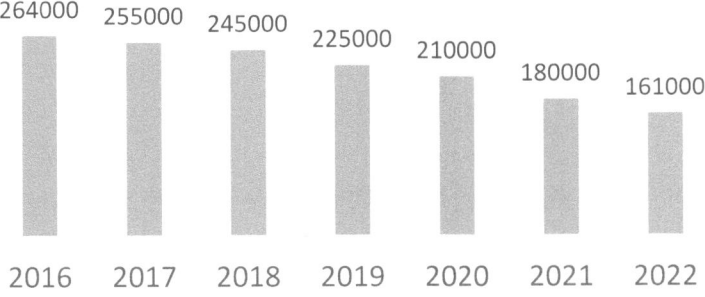

Quelle: IW Consult (Sekundärquelle) 2023, S. 19; eigene Darstellung

Eng verbunden mit dem Rückgang der Anzahl an Geld"spiel"automaten und der Verlagerung zu Online-

---

[18] Daten zu 2017 und 2018 des bei IW Consult unbeschrifteten Grafen geschätzt.

Aktivitäten ist auch die Absenkung des Personalbestands verbunden.[19] Gegenüber dem Zeitraum von 2017-2019 hat sich in 2022 die Anzahl der Beschäftigten um ca. 10 % reduziert. Die Branche weist sowohl einen hohen Anteil an Beschäftigten im Niedriglohnsektor auf, als auch an geringfügig Beschäftigten. Demzufolge ist die rechnerische Anzahl an Vollarbeitsäquivalenten der Branche deutlich niedriger als die ausgewiesenen knapp 54.000 Beschäftigten.

Grafik 9: Beschäftigte der Automatenaufstellunternehmen

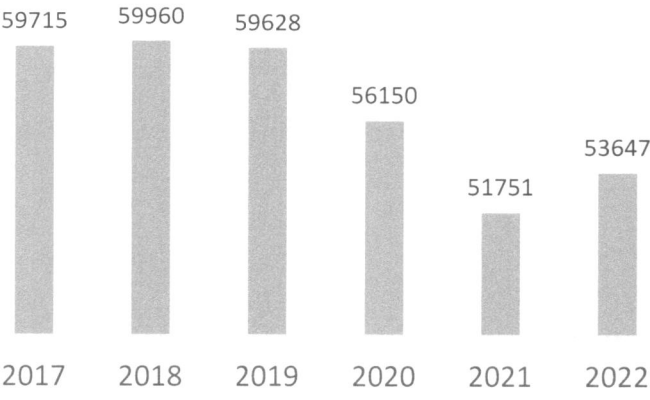

Quellen: IW Consult (nach Stat. Bundesamt) 2023, S. 11; eigene Darstellung

---

[19] Nachfolgend lediglich bezogen auf Automatenaufstellunternehmen.

Exkurs: Illegaler Markt

Vertreter der Gemeinsamen Glücksspielbehörde der Länder äußern sich in gebotener Zurückhaltung zur Validität publizierter Daten (bspw. 3 Mrd. €) von unterschiedlichen Akteuren. So verweist die Behörde auf eine in Arbeit befindliche wissenschaftliche Studie, welche die methodischen Probleme berücksichtigt.

„Trotz der Erfolge bei der Bekämpfung illegaler Glücksspielangebote im Internet bleibt der Schwarzmarkt eine ernsthafte Herausforderung. Sein konkreter Umfang wird häufig diskutiert. Die GGL schätzt den Anteil des illegalen Online-Glücksspiels deutlich geringer ein als Veröffentlichungen der Industrie. Die Differenz entsteht hauptsächlich durch methodische Unterschiede. Um aber einen Beitrag zu einer verlässlichen Datengrundlage für die Diskussion über die Kanalisierungswirkung der deutschen Glücksspielregulierung zu leisten, lässt die GGL ihre eigenen und andere Methoden im Rahmen einer wissenschaftlichen Studie prüfen. Mit den Ergebnissen wird Ende 2025 gerechnet." (Gemeinsame Glücksspielbehörde der Länder 2024b)

Demgegenüber prognostizierte DICE Consult in ihrer vom Verband der Deutschen Automatenindustrie in Auftrag gegebenen Studie ein weiteres drastisches Absinken der Zahl legaler Geldspielgeräte gegenüber illegalen Glücksspielautomaten. „In dieser Studie wurde hierzu eine Prognose entwickelt, die zu dem Ergebnis kommt, dass die Kanalisierungsquote bei unveränderter Regulierung im Jahr 2026 bei nur noch 38 bis 55 Prozent liegen wird. Im Jahr 2026 könnte, falls die Politik nicht tätig wird, demnach bereits über die Hälfte der Gesamtnachfrage nach Automatenspielen durch illegale Schwarzmarktangebote bedient werden." (DICE Consult 2023)

Das „Tätigwerden" der Politik soll sich, kaum überraschend, auf die Reduzierung von Auflagen beziehen, um ein weiteres Abwandern in den illegalen Markt zu verhindern. In der aktuellen Argumentation wird oftmals die Metapher der „kommunizierenden Röhren" verwendet. Sie unterstellt in ihrer vereinfachenden Lesart, dass potentiell alle SpielerInnen bei zunehmender Unattraktivität des legalen Marktes, sich in das Milieu des illegalen Marktes begeben würden. Bereits die Tatsachen, dass es sich dort nicht mehr um ein niederschwelliges Angebot handelt, Gesetzesverstöße drohen und ein Zuwiderhandeln der dort vorherrschenden informellen Normen und Regeln auf rustikale Weise geahndet werden, reduziert die mögliche abwanderungswillige Zielgruppe jedoch erheblich.

Zusätzlich benutzt die Automatenwirtschaft den illegalen Markt, um sich als „Retter in der Not" zu präsentieren. Da Illegalität nicht ausschließlich ein Phänomen der Großstädte darstellt, sondern auch in ländlichen Regionen stattfindet, bedürfe es besonderer Unterstützung. Der Sprecher des Vorstands der Deutschen Automatenwirtschaft, Georg Stecker unterstellt u.a. den Kommunalen Ordnungsdiensten (KOD) unterhalb der Großstadtebene eine verminderte Wahrnehmungs- und Beurteilungsfähigkeit: „Gerade in den kleineren und mittleren Kommunen sind die Ordnungsbehörden völlig überfordert. Die erkennen nicht mal ob ein Gerät illegal ist. Und da helfen wir mit, mit Schulungen, die übrigens sehr gut angenommen werden." (Hoyme/NDR 2024, 31:46-31:56 min.)

Im jüngst ausgestrahlten Dokumentarfilm von Hoyme/NDR (2024) kommen u.a. Polizeiermittler als auch Staatsanwälte zu Wort, die sich anhand ihrer langjährigen Berufspraxis zum illegalen Automaten"spiel" und zur „Glücksspiel"-Mafia äußern. An einem sehr guten Aufstellort sind pro Gerät bis zu 70.000 € Gewinn im Monat möglich, die zudem nicht versteuert werden. Bei „Spielen" von 3 Sekunden Dauer und einem Einsatz von 200 € sind bereits nach einer Minute 4.000 € Verlust möglich. Die in diesem Milieu tätigen Geldverleiher verlangen bspw. 50 % Zinsen pro Woche. Geldverleih, Rotlicht- und Drogenmilieu sind eng miteinander verbunden.[20] Werden die Beträge mitsamt Zinsen nicht zurückgezahlt, kommt es zu Gewaltanwendungen. Demzufolge liegen die „abgemilderten" Perspektiven für die KreditnehmerInnen eher im Betrug oder Diebstahl, um ihre Schulden zu begleichen. Die Orte des illegalen Glücksspiels sind teilweise „normale" Kneipen. Wirte werden gezielt angesprochen, um zwei bis drei Geräte aufzustellen und sich den monatlichen Gewinn hälftig zu teilen. Um Kontrollen oder Razzien zu entgehen, setzen die Akteure bisweilen auch Koffergeräte ein, die rasch zugeklappt werden können und mit denen ein nahezu unauffälliges Verschwinden möglich ist.[21]

Währenddessen greifen vereinzelt Kommunen zur medienwirksamen Vernichtung illegaler Glücksspielautomaten, wie bspw. jüngst in Ludwigshafen. Derartige Aktionen weisen eine strukturelle Gemeinsamkeit mit den Inszenierungen auf, wie sie 90 Jahre zuvor in den USA zu sehen waren. Im Übrigen werden nach erfolgreichen Strafverfahren die Geräte zerlegt und zerstört.

---

[20] Zur Verschränkung von Spielhallen- und Rotlichtmilieu siehe auch die jüngst erschienene Dissertation von Susan Radant: Rotlichtmilieu: Kultursoziologische Perspektiven auf Spielhallen und Sexangebote, Bielefeld 2024.
[21] Siehe dazu auch die Publikation von Trümper (2023): „Erweiterte Einblicke in den illegalen Glücksspielmarkt 2022."

Abb. 14: Medienwirksame Vernichtung illegaler Glücks-spielautomaten, Januar 2025

Quelle: Sebastian Barth; screenshot www.swr.de 28.01.2025

In deutlicher Abgrenzung zum illegalen „Glücksspiel"angebot greift die Branche zur Aufwertung ihrer Seriosität zu Werbe-maßnahmen mit so genannten Testimonials.

Als positives Beispiel außerhalb der „Glücksspiel"industrie sei vorab auf die Verbindung zwischen Timo Hildebrand und Continental verwiesen. Der ehemalige Nationaltorhüter und Deutsche Fußballmeister von 2007, Timo Hildebrand war von 2004 bis 2007 Testimonial für den Reifenhersteller Continental. Die Verbindung zwischen „sicheren Reifen" und „sicher Bälle fangen" wurde noch dadurch ergänzt, dass die Handschuhinnenseiten dem Profil eines Autoreifens nachempfunden waren. Sowohl die Plakatwerbung als auch die Werbespots konnten so eine inhaltliche Analogie herstellen.

Sechs Jahre später engagierte sich sein zehn Jahre älterer Nationalmannschaftskollege Oliver Kahn für 7,1 Mio. € von 2013 bis

2020 bei einen Wettanbieter (Becker et al./Der Spiegel 2021). Die „sicheren Hände" und die Berühmtheit des Torwarts gingen nun eine metaphorische Bürgschaft für den Anbieter ein, die zudem das Wortspiel der „sicheren Wette" nahelegte. Allerdings besaß der Wettanbieter bis Ende 2020 keine offizielle Lizenz für den Deutschen Online-Markt und war damit für Deutschland über Jahre illegal tätig und konterkarierte somit die euphorisch nahegelegte Werbeaussage. Der Glücksspielstaatsvertrag von 2021 untersagt überdies, dass aktive Spieler oder Funktionäre für den Bereich der Wettspiele werbend tätig sind. Man mag nicht ohne Ironie anmerken, dass damit nicht nur die Wettenden, sondern auch die Werbenden geschützt werden.

Abb. 15: Testimonialwerbung für Wettanbieter

Quelle: Tipico; Hebben/www.horizont.net 2013

79

Ein Spitzensportler, der sich zuvor bereits zur Werbung für Kartoffelchips und Fleischsnacks mit Konservierungsstoffen bereitwillig hergegeben hatte, stellte nun, ohne existentielle Nöte, seine Medienreichweite für das Automaten"glücksspiel" zur Verfügung. Die deutsche Automatenwirtschaft hatte einen Clip „fast 700 Mal im Fernsehen und im Kino geschaltet, 3500 Plakate mit Schweinsteigers Gesicht hängen an deutschen Bushaltestellen und U-Bahnhöfen." (Erlenkämper 2018)

Abb. 16: Testimonialwerbung für die Deutsche Automatenwirtschaft

Quelle: Deutsche Automatenwirtschaft; Amirkhizi/www.horizont.net 2018

Aus werbetechnischer Sicht ist der beauftragten Werbeagentur eine solide Anzeige gelungen. Der Sportler und Fußball-Weltmeister mit staatsmännischem Blick, soweit ihm das möglich ist, adelt das Produkt, indem er das vermeintliche „Spiel" eng an das „Sportspiel" bindet. Die gesetzlich notwendigerweise eingeführten und zuvor umstrittenen Regeln werden nun dazu funktionalisiert, sich unausgesprochen gegen illegales Glücksspiel kämpfend (wie im Sport) in Stellung zu bringen. Gleich sechsmal wird in der Anzeige der Begriff „Spiel/spielen" verwendet und das „saubere Spiel" als „allerwichtigste" Maxime erklärt. Die Bildwortmarke der Bundesregierung und der Bundesministerien mit vertikal stilisierter Fahne („Flaggenstab") wurde nur schwach abgeändert (nun horizontal) und soll einen „offiziösen" mit Autorität verbundenen Charakter ausstrahlen. Kritik am Automaten"glücksspiel" und das Infragestellen, ob es sich tatsächlich um ein Spiel handelt, soll mit dieser Inszenierung erst gar nicht aufkommen können.

Von Interesse sind an dieser Stelle nun die Kosten, die für eine regelmäßige, zeitlich und finanziell moderate Aktivität für verschiedene Spielarten anfallen. Den Ausgaben werden Einnahmen gegenübergestellt, so dass als Durchschnittswerte Kosten von ca. 40 bis 200 € pro Monat entstehen.

Tabelle 5: Regelmäßiges moderates Spiel und monatliche Kosten

Spielart	Spieldauer (Monat)	Ausgaben gerundet	Einnahmen gerundet
Lottoschein, vollständig	20 Min.	75	37 (50 % Quote)
Sportwetten Fußball 1.BL	6 Std.	360	350 (95 % Quote)
Spielhalle Automaten"spiel"	10 Std.	1.440	1.240 (20 € Verlust/Std.)
Billard (Kosten/2 Pers.)	10 Std.	60	---
Bowling (Kosten/4 Pers.)	10 Std.	100	---

Quelle: eigene Darstellung

Die Studie des ISD und der Universität Bremen (2023) ergab, dass der monatliche Geldeinsatz für Glücksspiele insbesondere vom Schweregrad der Glücksspiel-Störung abhängt. Demnach haben Menschen mit einem unproblematischen Umgang mit Glücksspielen einen monatlichen Geldeinsatz von 58 € (Mittelwert), während Menschen mit einer schweren Glücksspiel-Störung im Durchschnitt 394 € für Glücksspiele aufwenden.

Meyer et al. (2018) verglichen in ihrem Abschlussbericht an das Bundesministerium für Gesundheit zur „Früherkennung von Problemspieler*innen an Geldspielautomaten" die Spieldauer von SpielerInnen mit nicht pathologischem Spielverhalten und pathologischem Spielverhalten. Die Unterschiede zwischen beiden Gruppen sind signifikant.

„Bezüglich der durchschnittlichen Spieldauer pro Spielhallenbesuch in den letzten 12 Monaten ist 1 bis 2 Stunden die häufigste Angabe (46,3%, n = 141). Unter den nicht pathologischen Spieler*innen berichteten 25,9% (n = 58), durchschnittlich kürzer als 1 bis 2 Stunden gespielt zu haben, während 3,1% (n = 7) von ihnen 4 bis 8 Stunden oder länger spielten. Von den pathologischen Spieler*innen spielten in den vergangenen 12 Monaten dagegen nur 10,2% (n = 6) durchschnittlich kürzer als 1 bis 2 Stunden und 18,7% (n = 11) 4 bis 8 Stunden oder länger." (Meyer et al. 2018, S. 21)

Weiterhin wurde in der Studie nach den Verlusten der SpielerInnen gefragt. Auch in diesem Aspekt unterscheiden sich die beiden Gruppen wiederum signifikant.

„Die häufigste Ausprägung bei der durchschnittlichen Verlusthöhe pro Spielhallenbesuch ist für die Gesamtstichprobe 25 bis 50 Euro (38,2%, n = 108), gefolgt von 50 bis 100 Euro (25,8%, n = 73). ... In der Gruppe der pathologischen Spieler*innen berichteten 25,4% (n = 215), durchschnittlich 100 bis 200 Euro verloren zu haben und 25,4% (n = 15) 200 bis 400 Euro oder mehr. Dagegen gaben in der Teilstichprobe mit nicht pathologischem Spielverhalten nur 9,8% (n = 22) 100 bis 200 Euro als Durchschnittsverlust an, darüber liegen nur noch 3,1% (n = 7)." (Meyer et al. 2018, S. 21)

Die Umsätze im Bereich Sportwetten sind in Folge der Legalisierung von Sportwetten im Herbst 2020 seit 2021 deutlich gestiegen und liegen bei ca. 1,4 Mrd. € Bruttoerträgen. Bei ca. 4 Mio. WettteilnehmerInnen ergibt sich ein durchschnittlicher Jahresverlust pro SpielerIn von 350 €. In diesem Zusammenhang wurde vom Autor (J.S.) ein Selbstversuch mit Sportwetten vorgenommen.

Über einen Zeitraum von zwei Wochen wurden mit einem Startkapital von 100 € (eigene Mittel!) zwanzig Wetten platziert. Die Wetteinsätze bewegten sich jeweils zwischen mindestens 5 € und höchstens 10 €. Ausgewählt wurden Spiele der 1. und 2. Fußball-Bundesliga. Die Quoten hatten eine Spannweite zwischen 1,57 und 2,15, was als sichere bis leicht risikoreiche Wetten eingeschätzt wurde. Das Ergebnis nach zwei Wochen war ernüchternd. Elf Wetten wurden gewonnen und neun Wetten verloren. Das Ernüchternde daran war das finanzielle Ergebnis: minus 16 €. Drei Wetten mit einer Quote von 1,61, 1,66 und 1,68 wurden überraschenderweise verloren. Diese drei vermeintlich sicheren Einsätze hätten im positiven Fall eine Bilanz von 14:6 erzeugt und ein Plus von gerundet 17 €. Einmal den Einstieg in die Welt der Sportwetten gewählt, boten sich nun mehrere Möglichkeiten an:

- Zu diesem Zeitpunkt das Experiment abbrechen und die Ergebnisse so wie sie sind akzeptieren.
- In gleicher Art und Weise mit den verbliebenen 84 € weiterspielen, was auf ein langwieriges und überdies langweiliges

Unterfangen hinauslaufen würde. Vier Wochen „Aufwand", nur um dann auf ein ausgeglichenes Ergebnis zu kommen.

- Die 84 € auf 100 € aufstocken und so tun als starte eine zweite Runde von Neuem.
- Mit den 84 € risikoreicher spielen, um so eventuell den Verlust schneller wieder wettzumachen, um dann zu entscheiden, ob die risikoreichere Variante beibehalten, oder zur sicheren Variante zurückgekehrt wird.
- Harakiri und alles auf ein Spiel setzen, um unmittelbar danach den ursprünglich anvisierten Gewinn zu erzielen.
- Nicht wieder eine Woche warten, sondern auf Mittwochsspiele aus anderen europäischen Ligen der 1. Liga mit angemessen Quoten setzen.
- Weiterhin relativ sicher mit den verbliebenen 84 € spielen, aber mit erhöhten Einsätzen zwischen 10 und 20 €, um die entstandenen Verluste schneller wieder auszugleichen.

Die eigene emotionale Befindlichkeit auf die Fehleinschätzungen und den finanziellen Verlust wurde daraufhin selbstreflexiv eingeschätzt. Nachfolgend sollte die relativ sichere Variante mit erhöhten Einsätzen folgen, um dann nach einem selbstgesetzten Ziel von plus 20 € aufzuhören. Gleichzeitig war damit die Akzeptanz verbunden, den Verlust zu erhöhen (bspw. minus 50 €) oder gar den kompletten Einsatz von 100 € und erst dann das Experiment zu beenden. Die Entscheidung weiterzuspielen, basierte auf der emotionalen Befindlichkeit, zumindest ein bisschen besser sein zu wollen, als das System, in das man sich hineinbegeben hatte. Nach der ersten Runde auszusteigen vermittelte das Gefühl, die „Sache" nicht richtig zu einem Ergebnis gebracht zu haben. Als Metapher bietet sich vielleicht ein Boxkampf an, in der sich bereits ab der ersten Runde eine leichte Unterlegenheit andeutet, deswegen aber nicht die Auseinandersetzung abgebrochen wird, um für die nächsten Runden eigene Wirkungstreffer zu ermöglichen.[22] MedizinerInnen und TherapeutInnen würden bereits auf diesem experimentellen Niveau von einem „Loss Chasing-Effekt" sprechen, was der „Jagd" nach dem verlorenen Einsatz auf Englisch einen bedeutsameren Anstrich verleiht.

Ein weiterer Aspekt verdient es, angesprochen zu werden. Die für die Fußball-Wetten aufgewendete Zeit ist bedeutend höher als bei anderen Wettformen wie bspw. Lotterien. Selbstverständlich können am Samstagabend lediglich die Ergebnisse abgeglichen werden. Jedoch die verschiedenen Ergebnisentwicklungen über 90 Minuten parallel zu verfolgen, ist eine Möglichkeit um Spannung aufrecht zu erhalten.

Nachvollziehbar wird bereits anhand dieses kurzen und begrenzten Selbstversuchs, dass Menschen die potentielle Möglichkeit sehen, mittels vorheriger Information, Selbstdisziplinierung und nach einer längeren Phase der Erfahrung mit kleinen Einsätzen, nicht nur einfach zu „zocken", sondern mit höheren Einsätzen sich einen Beitrag zum Lebensunterhalt zu „verdienen".[23] Herrmann führt in seiner Dissertation dazu aus: „Die Regressionsanalyse zeigt, dass die ROI-Leistung der Online-Spieler positiv mit ihrer Erfahrung in Sportwetten und dem Grad der Informationssuche und -analyse vor dem Wetten

---

[22] Die 84 € wurden nachfolgend auf zwei „Runden" à drei Wetteinsätze verteilt mit Quoten zwischen 1,6 bis 1,9. Nach einem Monat wurde der Selbstversuch endgültig abgebrochen. Verbunden mit der Erkenntnis, dass nach fast 30 Wetteinsätzen 100 € verloren waren, trotz vermeintlich „guter" Quoten und zahlreicher Vorabinformationen.

[23] Das gesetzlich vorgeschriebene Einzahlungslimit, nicht Wettspiellimit, beträgt pro Monat 1.000 €. Eine Person, die beabsichtigt, ergänzend oder vollständig um den Lebensunterhalt zu spielen, müsste demnach mehrere Monate einzahlen.

verbunden ist (ebd.). Somit erzielen erfahrene Wettende eine deutlich höhere Rendite aus ihren Wettinvestitionen als unerfahrene und uninformierte Teilnehmergruppen (ebd.), was darauf hinweist, dass Sportwetten eine Mischung von partieller Berechenbarkeit und Glücksspiel mit Systemtipp sind." (Herrmann 2020, S. 60) Herrmann erwähnt zudem einen Datensatz des Sportwettenanbieters „bwin" (allerdings aus dem Jahr 2005). „Die Wettenden verlieren insgesamt durchschnittlich 32 % (Pre-Match) bzw. 23 % (Live-Wetten) der Einsätze beim Wetten (ebd.). 1 % der Wettenden können als „Vielspieler" bezeichnet werden, die deutlich höhere Wetten abschließen, aber tendenziell auch weniger verlieren (ebd.)." (Herrmann 2020, S. 509)

Die inhaltliche Ausrichtung von Branchenstudien bezieht sich üblicherweise auf direkte, indirekte und induzierte ökonomische Effekte, intangible Effekte sowie die Anzahl an Arbeitsplätzen. Verdrängungseffekte und Opportunitätskosten werden in diesen technokratisch orientierten Arbeiten nicht oder kaum behandelt. Eine Bewertung nach inhaltlichen Kriterien wie bspw. Gemeinwohlorientierung und Nachhaltigkeit ist insbesondere bei Auftragsarbeiten kaum vorgesehen.
Die Spannweite der Produktion von Waren und das Angebot von Dienstleistungen bewegt sich zwischen gesellschaftlich nachhaltig und gesellschaftlich schädigend.[24] Die folgende

---

[24] Die Produktion von Femtosekundenlasern zur verbesserten Behandlung des Grauen Stars (Katarakt) ist unzweifelhaft als produktiv-nachhaltig zu bewerten. Im Kontext der Lieferketten wäre abzuklären, unter welchen Bedingungen die dafür benötigten Vorprodukte hergestellt werden. Demgegenüber entfalten diejenigen Private-Equity-Gesellschaften mit ausschließlich kurzfristigen Renditeerwartungen, ohne zur Rettung und Modernisierung der erworbenen Unternehmen beitragen zu wollen, eine schädliche, bzw. zerstörerische Wirkung.

Taxonomie ist nicht nur von allgemeinem Interesse, sondern bietet für das Angebot der Spielhallen und Wettbüros die Möglichkeit einer grundlegenden Einordnung ihres gesellschaftlichen Beitrags:

- nachhaltig produktiv: wertschöpfend sowie die Berücksichtigung der Lieferkette unter nachhaltigen Kriterien; kein notwendiger Wachstumsimperativ
- Produktiv: wertschöpfende Tätigkeit und Herstellung von Produkten, die einem gesellschaftlichen Begründungszusammenhang standhalten
- überflüssig produktiv: „sinnlos" wertschöpfend: durch Scheininnovationen oder von Konsumenten ungenutzte und Verdrängung bereits bestehender, qualitativ gleichwertiger Produkte bspw. vermeintlich „neue" Unterhaltungselektronik, Laufschuhe oder Schokoriegel etc.
- extraktiv: Ergebnisse wertschöpfender Arbeit aneignend und auslaugend, wie bspw. „filetieren" von Unternehmen durch Finanzinvestoren sowie Immobilienspekulation ohne eigene produktive wirtschaftliche Tätigkeit
- verzehrende und überflüssige Produktion: Raubbau durch Überrodung oder Überfischung mit irreversiblen Konsequenzen; künstliche Obsoleszenz durch Sollbruchstellen oder minderwertige Materialien und damit nicht notwendige frühzeitige Alterung sowie kurze Produktzyklen; überbordender Luxus, Dekadenz

---

Eine völlig absurde Argumentation wird derzeit in Teilen der Banken- und Investmentbranche geführt, demzufolge Rüstungsgüter als (sozial) nachhaltig eingestuft werden sollen, da sie vorgeblich zu einer langfristigen Friedenssicherung beitrügen. Die Absurdität wird noch durch die Antiphrase auf die Spitze getrieben, wonach Teile der Politik die dafür aufgenommenen Schulden rhetorisch als Sonder"vermögen" beschönigen.

- produktiv nachhaltige Dienstleistungen: wertschöpfungsunterstützend sowie Berücksichtigung der Lieferkette unter nachhaltigen Kriterien
- produktive Dienstleistungen: wertschöpfungsunterstützend unmittelbar zur Produktion/Verarbeitung z.B. durch Schulungsmaßnahmen oder Services; indirekt/nachlaufend z. B. durch Weiterbildung
- kulturelle, künstlerische und Bildungs-Dienstleistungen: Reproduktion der Arbeitskraft, soziale Beziehungen, Persönlichkeitsentwicklung, ästhetische Gestaltung der Umwelt
- soziale Dienstleistungen: Beitrag zur Reproduktion der Arbeitskraft, Pflege, Gesundheit, gemeinwohlorientierend u.a.
- überflüssige und schädigende Dienstleistungen: extraktive, verzehrende und/oder schädigende Produktion unterstützend; z.B. Mitwirkung an Marketingmaßnahmen für Zigarettenwerbung
- überflüssige und Wertschöpfung verzehrende Dienstleistungen: gesellschaftlich sinnlose Formen der Esoterik, Astrologie, wissenschaftsfeindlichen Pseudomedizin etc.

Grafik 10: Nachhaltige und schädigende Produktion sowie Dienstleistungen

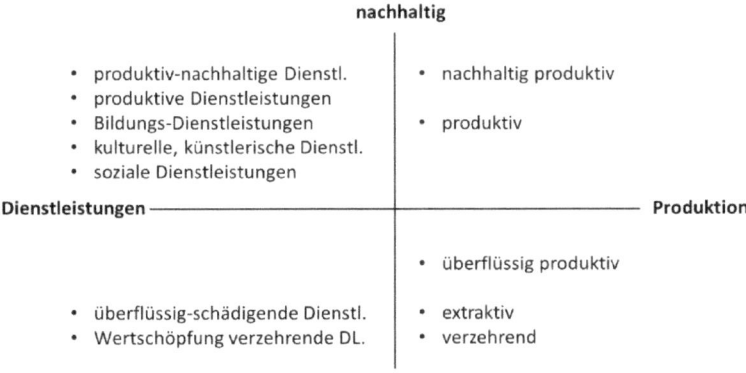

Quelle: eigene Darstellung

Fiedler (2016b) wirft nun die rhetorische Frage auf: „Weshalb greift der Gesetzgeber derart stark in den Glücksspielmarkt ein, wenn Glücksspiele doch so eindeutig positiv für die Wohlfahrt sind?" Für die privaten Kosten der Glücksspielsucht führt Fiedler eine Vielzahl an Faktoren an, die in einer Gesamtberechnung zu berücksichtigen sind: „Monetäre Verluste, Einkommensverlust bei Arbeitsplatzverlust, Selbst getragene Behandlungskosten, Opportunitätskosten der Zeit, Wohnungsverlust, Vorstrafen bei Beschaffungskriminalität, Psychische Kosten/Reduzierte Lebensqualität, Verursachte physische Krankheiten, Verursachte (Substanz-)Abhängigkeiten, Veränderung in Persönlichkeits- und Gehirnstruktur, Kosten aus Cue-Management." (Fiedler 2014, S. 4)

Darüber hinaus erstellt Fiedler eine Liste an externen Kosten, die aus der Glücksspielsucht entstehen, in der traditionellen volkswirtschaftlichen Berechnung zumindest teilweise nicht mit einbezogen werden.

„Nicht bezahlte Schulden und Darlehen, Schuldensanierung durch Dritte , Beschaffungs- und Begleitkriminalität, Erhöhte Sozialtransfers, Maßnahmen zur Eintreibung von Schulden, Kosten aus Schuldnerberatung und Abwicklung von Privatinsolvenzen, Folgekosten aus Beschaffungs- und Begleitkriminalität, Verwaltungskosten durch erhöhte Sozialtransfers, Behandlungskosten, Produktivitätsverluste durch Arbeitslosigkeit, Produktivitätsverluste durch verursachte Konzentrationsschwächen, Kosten der Spielsuchtprävention, Kosten der Spielsuchtforschung, Zerrüttung von Familienverhältnissen und Leid der Angehörigen, Erhöhtes Suchtrisiko bei Kindern von Abhängigen, Suchtinduziertes reduziertes Sozialkapital." (Fiedler 2014, S. 5)

Die beiden Auflistungen sind auf den ersten Blick beeindruckend, viel mehr noch bestürzend. An den einzelnen Aspekten ist keinerlei Kritik zu üben. Sie sind zutreffend und relevant. Darüber hinaus verweist Fiedler verdienstvoll darauf hin, welche der einzelnen Bereiche üblicherweise in eine Gesamtberechnung miteinbezogen werden, oder keine Berücksichtigung finden. Die Problematik, zu realistischen Werten zu gelangen, liegt jedoch in theoretischen Zugängen sowie im methodologischen und methodischen Herangehen.

Zunächst ist zu konstatieren, dass die überwiegende Mehrheit der SpielhallenbesucherInnen (und Wettenden) ein unproblematisches Verhalten zeigt. Das ist, soweit das aus den unterschiedlichen Studien und Verlautbarungen zu entnehmen ist, unbestritten. Was als unproblematisch und problematisch zu gelten hat, dürfte bereits zu ersten Kontroversen führen.

Der hier angelegte Bewertungsmaßstab kann nur bedingt ein von außen festgelegter Geldverlust, die Anzahl an Besuchen oder der Zeitaufwand sein. Vielmehr liegt das subjektorientierte Kriterium in einer Ausprägung, welche die alltägliche und zukünftige Lebensführung in einer restringierten Form beeinträchtigt (Gefährdung) oder beschädigt (Abhängigkeit). Insofern wird die Position von „Sucht als Krankheit" nicht geteilt, indem die „Droge" etwas mit den Menschen macht, dem sich die einen widersetzen können und „vulnerable" Menschen der „Droge" ausgeliefert sind. Braun und Gekeler (2011/1987, S. 50) sprechen hier von der „Entsubjektivierung" durch variablenpsychologische Verfehlung. Vielmehr sei von einem erfahrungsvermittelnden Verhältnis auszugehen. „Ein problematisches Verhältnis beginnt da, wo ein Mensch durch den Substanzgebrauch einen Realitätsbruch fördert oder festigt (Braun; Gekeler 2011/1987, S. 54)

Aufgeworfen wird damit die Frage nach der Zuordnung und Verantwortlichkeit von Kosten, die durch abhängiges Verhalten entstehen. Die hier vertretene Kritik am Angebot von Spielhallen und Wettbüros bedeutet nicht gleichzeitig einem verkürzten Ursache-Wirkungs-Zusammenhang das Wort zu reden. Ein naheliegender, niederschwelliger Zugang, präsentiert mit Techniken der Konsumentenpsychologie, bestärkt einen Teil der Menschen darin, sich der Realität entziehen zu wollen. Damit hat die Branche einen bedeutsamen Anteil an den entstehenden Kosten der Abhängigkeit.

Jedoch ist die theoretische Ausgangsposition einer Ursache-Wirkungs- oder Reiz-Reaktions-Annahme völlig verfehlt. Sie würde Spielhallen und Wettbüros den Rang einer Lotuspflanze aus der griechischen Mythologie des Odysseus beimessen. Wer auch nur einmal von der Lotuspflanze isst, vergisst automatisch seine Heimat und verliert zugleich den Wunsch dahin zurückzukehren.

Befragungen zum Thema Glücksspiel und Wetten werden von einem Großteil der Befragten als brisant, unangenehm, peinlich oder schambesetzt empfunden. Die Gefahr des allseits bekannten „Antworten im Sinne des sozial Erwünschten" greift, wie bei allen intimen Fragestellungen auch hier. Intim und (evtl.) peinlich ist bereits die Frage nach der Höhe des Geldverlustes. Durch eine hohe Zahl an Antwortverweigerungen ergibt sich die berechtigte Frage zur Repräsentativität der Studien. Wie alle gesellschaftlich umstrittenen Themen bewegen sich WissenschaftlerInnen und kommerzielle Institute auf einem verminten Feld. Brancheninteressen und die permanente Abwehr staatlicher (und medialer) Restriktionen auf der einen Seite sowie Mittelzuweisungen und Fördergelder für gemeinnützige und öffentliche Organisationen im Bereich Beratung und Therapie auf der anderen Seite bilden hier den Rahmen.[25] Die Ergebnisse des Unternehmens IW Consult, das im Auftrag der Deutschen Automatenwirtschaft eine Studie zur volkswirtschaftlichen Bedeutung der Unterhaltungsautomatenwirtschaft 2022 publiziert hat, weisen einen Gesamtumsatz von 5,29 Mrd. € für die 5.600 Spielhallen aus. (IW Consult 2024) Rein rechnerisch ergeben sich pro Spielhalle damit Betriebseinnahmen (inkl. Umsatzsteuer) von durchschnittlich 944.500 € pro Jahr. Je nach Kommune, Sozialstruktur, Lage und Angebot, liegt die Spannweite von Spielhallen zwischen 250.000 € und 1,5 Mio. €.[26]

---

[25] Im Kontext drittmittelfinanzierter Studien oder Auftragsarbeiten kommerzieller Institute können sich in aller Regel die AutorInnen der erwarteten Resultate bewusst sein, ohne dass eine indirekte oder gar direkte Einflussnahme nötig wäre und ohne, dass es zu plumpen Fälschungen kommt. Allerdings ist auch nicht auszuschließen, dass „um der guten Sache Willen", auf der „anderen Seite" ähnlich gerechnet, bzw. agiert wird, wie die Sozialfigur des Heimschiedsrichters. So stehen zum Leidwesen politscher Entscheider Gutachten gegen Gutachten im Raum. In Bezug darauf Schüller 2023 „Qualitätsanforderungen an Studien zur Ableitung von Regulierungsmaßnahmen."
[26] Siehe dazu auch die Einschätzung des Bundesverbandes der Automatenunternehmen, www.baberlin.de 2021.

Die große Spannweite der Umsätze pro Spielhalle lässt sich durch verschiedene Faktoren begründen. Nicht alle Spielhallen haben nur eine Konzession für 12 Geldspielgeräte. Frühere Mehrfachkonzessionen haben Bestandsschutz, so dass sich daraus bereits große Unterschiede ergeben. Ebenso sind unterschiedlich attraktive Standorte zu berücksichtigen, die von den Kernzonen der Großstädte bis zu gering frequentierten Gebieten reichen. Darüber hinaus werden in die Statistik nicht nur Spielhallen einbezogen, sondern auch Gaststätten oder Wettbüros, die jeweils zwei Spielgeräte aufstellen dürfen. Schließlich können noch zusätzliche Angebote im Cateringbereich dazugezählt werden, die einen Einfluss auf den Gesamtumsatz haben. Die Gesamtzahl der Geldspielgeräte betrug im Jahr 2022 insgesamt 161.000. Davon waren ca. 40.000 Geräte in Gaststätten und Wettbüros aufgestellt, die jedoch einen deutlich geringeren Umsatz erzielen, als die Geräte in Spielhallen. Trümper; Heimann zitieren für 2011 die vom Institut für Handelsforschung - IFA-/Köln ermittelten monatlichen Beträge von 781,83 € für Gaststätten und 2.426,41 € für Spielhallen. (siehe Trümper; Heimann 2014, S. 22) Insofern aktuell ein gerundeter Wert von 1.000 € für Geräte in Gaststätten angenommen wird, ergibt sich ein Betrag von 480 Mio. € und demzufolge ein Umsatz der Spielhallenautomaten von 4.81 Mrd. €.[27] Pro Jahr bedeutet das einen durchschnittlichen Umsatz von 39.750 € pro Gerät.

---

[27] Der „Spiel"automaten-Aufsteller „La Chance" führt in seinen Leistungen für Gastwirte aus: „Alle 14 Tage kommt einer unserer Kundendienstmitarbeiter bei Ihnen vorbei. Unser Mitarbeiter erstellt die Abrechnung mit Hilfe des manipulationssicheren Zählwerks Ihres Spielautomaten. Danach erhalten Sie sofort Ihre 50% des Gewinns." (www.lcautomaten.de) Die dazu präsentierte „Musterabrechnung" siedelt sich im oberen Bereich der möglichen Einnahmen an. Für den Zeitraum eines Monats im Jahr 2016 (sic) werden vom Nettoerlös in

Eine Spielhalle mit 12 Geräten kommt demnach auf einen Jahresumsatz von durchschnittlich 461.000 €. Zuzüglich sonstiger Einkünfte über Catering werden nachfolgend 500.000 € Betriebseinnahmen pro Jahr und Spielhalle veranschlagt.

Hinsichtlich der von den Kommunen erhobenen Vergnügungssteuer kommen in Deutschland völlig unterschiedliche Praktiken zur Anwendung. In Bayern werden bspw. nach Art. 3 Abs. 3 Satz 1 des Kommunalabgabengesetz (KAG) keine Getränke-Jagd-, Speiseeis- und keine Vergnügungssteuern erhoben (Bayerischer Landtag 2018). Die Stadt Bocholt im Westmünsterland erhebt derzeit eine Vergnügungssteuer von 5 % (siehe Anlage 1) und liegt damit am unteren Ende der Besteuerung.[28] Im Ruhrgebiet hat jüngst die Stadt Gelsenkirchen den Steuersatz auf 7 % angehoben (www.gelsenkirchen.de).

Hamacher und Müller vom Städte- und Gemeindebund Nordrhein-Westfalen äußerten sich 2022 in ihrem Beitrag zur Entwicklung der kommunalen Aufwandsteuern. „Der durchschnittliche Steuersatz bei den 190 StGB NRW-Mitgliedstädten und -gemeinden, die derzeit noch das Einspielergebnis bei Spielautomaten mit Gewinnmöglichkeit als Bemessungsgrundlage verwenden, liegt im Jahr 2022 bei 15,38 Prozent." (Hamacher und Müller 2022) Demzufolge ist davon auszugehen, dass

---

Höhe von 4849 € noch 692 € Vergnügungssteuer abgezogen, so dass der hälftige Wirteanteil für ein Gerät bei 2078 € liegt.

[28] Der Rat der Stadt Duisburg hat für 2024 beschlossen, die Vergnügungssteuer ausschließlich für Tanzveranstaltungen aufzuheben, verbunden mit dem Ziel, die Innenstadt weiter zu beleben. „Die regulatorische Wirkung einer Vergnügungssteuer, beispielsweise im Bereich Glücksspiel und Erotik, ist selbstverständlich weiterhin gewollt. Wer beispielsweise Spielapparate mit Gewinnausschüttung vorhält oder auch Striptease-Vorführungen, Peepshows, Tabledances und Ähnliches veranstaltet, wird selbstredend weiterhin besteuert." (www.cdu-fraktion-duisburg.de)

zahlreiche Kommunen bis zu 20 % an Vergnügungssteuer für „Spielautomaten mit Gewinnmöglichkeit" erheben.

Mit einer derart hohen Besteuerung muss das Betreiben einer Spielhalle unterhalb von 500.000 € Betriebseinnahmen als risikoerhöht eingestuft werden. Der stellvertretende Vorsitzende des FSH und Mitglied des Hessischen Münzautomaten-Verbandes, Andreas Braun, äußert sich, wie nicht anders zu erwarten, kritisch zur Problematik der unterschiedlichen Vergnügungssteuersätze durch die Kommunen. „Die willkürlichen Festsetzungen und Erhöhungen von Vergnügungssteuersätzen mehrerer Kommunen und Städte machen vielen, insbesondere kleinen und mittleren, Aufstellern einen wirtschaftlichen Betrieb ihrer Spielhalle beinahe unmöglich. Bei Steuersätzen von 20 % und mehr sind oftmals notwendige Rücklagenbildungen, Instandsetzungen und Modernisierungen nicht mehr in dem erforderlichen Umfang möglich. Zudem entstehen durch die unterschiedlichen Steuersätze mitunter erhebliche Wettbewerbsverzerrungen." (www.fachverband-spielhallen.de)

In Tabelle 6 wird eine idealtypische Einnahmenüberschussrechnung dargestellt. Tatsächlich greift die Kritik von Braun bei einer Vergnügungssteuer von 20 % für einen kleinen bis mittleren Spielhallenbetreiber mit Betriebseinnahmen (inkl. Umsatzsteuer) von 500.000 €. Der Rat der Stadt Mettmann hatte jüngst eine Erhöhung des Vergnügungssteuersatzes von vormals von 15 auf 25 % zum 01.07.2023 zugestimmt. Ursprünglich waren sogar 30 % geplant, die aber als juristisch bedenklich eingestuft wurden. Der höhere Steuersatz sollte eine Reduzierung der Spielhallen von fünf auf drei bewirken. Die verbliebenen Spielhallenbetreiber hätten laut Planungsansatz dann einen insgesamt gleichhohen Steuerbetrag zu entrichten, wie die fünf Betriebe zuvor. (www.mettmann.de)

Entweder bezwecken die Kommunen das höchstmögliche Abschöpfen von Steuereinnahmen, oder eine systematische und kulturpolitisch motivierte Reduzierung der Anzahl an Spielhallen. Beide Varianten sind nachvollziehbar, führen aber höchstwahrscheinlich zu Verdrängungseffekten in benachbarte Kommunen.

Bei einer Auszahlungsquote von 65 % haben die SpielerInnen ca. 1,4 Mio. € den Automaten „anvertraut" und ca. 900.000 € wieder ausbezahlt bekommen. Der Gesamtverlust pro Stunde darf laut Glücksspielstaatvertrag von 2021 pro Gerät 20 € nicht überschreiten. Darüber hinaus darf eine Person lediglich an einem Gerät spielen. Obwohl Regelungen zur Einhaltung dieser Vorgabe getroffen wurden, ist davon auszugehen, dass ein Teil der SpielerInnen in der Lage ist diese Restriktion zu umgehen. Realistisch wird demnach von einem durchschnittlichen Stundenverlust von 25 € pro Stunde ausgegangen. Die 461.000 € Umsatz (ohne Catering) werden daher in 18.440 Stunden „erspielt", was pro Gerät eine Jahresnutzungsdauer von 1.537 Stunden ergibt. Die Öffnungszeiten der Spielhallen im Kreis Borken liegen durchschnittlich bei 10:00 bis 24:00, so dass eine tägliche Betriebszeit von 14 Stunden anzusetzen ist. Die maximal verfügbare Zeit liegt bei 360 Tagen x 14 Stunden = 5.040 Stunden, abzüglich verkürzter Öffnungszeiten an Feiertagen und Sonntagen, so dass realistisch von 4.800 Stunden Öffnungszeit pro Jahr auszugehen ist. Demnach liegt die Auslastungsquote (1.537 x 100 : 4.800) bei 32 %, was rein rechnerisch eine kontinuierliche Belegung mit 3,84 Spielenden bedeutet. SpielerInnen, die an mehreren Geräten spielen, Geräte mit Punktwerten, die höhere Verluste (und höhere Gewinne) ermöglichen, sowie illegale Geräte reduzieren die Anzahl auf eine realistische Zahl von 3 bis 3,5 SpielerInnen.

In der idealtypischen Einnahmenüberschussrechnung in Tabelle 6 erzielt ein Spielhallenbetreiber eine Netto-Umsatzrendite von 17,4 %, bezogen auf die Betriebseinnahmen (inkl. Umsatzsteuer).

Tabelle 6: Idealtypische Einnahmenüberschussrechnung für einen Spielhallenbetreiber pro Jahr (gerundet)

Betriebseinnahmen inkl. Umsatzsteuer	500.000
Glücksspielsteuer 25 %	- 125.000
Vergnügungssteuer 5 %	- 25.000
Betriebsausgaben inkl. Umsatzsteuer	- 225.000
Nettogewinn	125.000
Einkommenssteuer[29]	- 18.500
Solidaritätszuschlag	- 1.000
Gewerbesteuer (Hebesatz 420%)	- 18.500
Gewinn nach Steuern	**87.000**
Private KV + Rentenvorsorge	- 21.000

Quelle: eigene Berechnung

Um diese Werte nun in einem Vergleich besser einordnen zu können, sei an dieser Stelle ein Floristikfachgeschäft in mittlerer bis guter städtischer Lage angenommen. Das Geschäft verfügt über eine Gesamtgröße von 150 qm. Als realistische Betriebseinnahme sind 240.000 € anzunehmen. Für die Inhaberin, die mit einer Arbeitszeit von 60 Stunden pro Woche neben den angestellten FloristInnen auch ständig im Geschäft arbeitet, bleiben nach Abzug aller Betriebsausgaben und Steuern als

---

[29] Die Einkommensteuer wird auf den Gewinn abzüglich eines Teilbetrags der Gewerbesteuer berechnet. Der abzugsfähige Teil der Gewerbesteuer beträgt das 3,8-fache des Gewerbesteuer-Messbetrags.

Gewinn ca. 27.000 € (wovon noch mit 12.000 € die Private KV + Rentenvorsorge in Abzug zu bringen wären). Das entspricht einer Netto-Umsatzrendite von 11,25 %.

Offensichtlich sind nicht nur die ökonomischen Unterschiede, sie beziehen sich auch auf den Arbeitsaufwand für die gebotene Dienstleistung (Dekoration) und Ware. Darüber hinaus sind Identität und Verbundenheit zur eigenen Tätigkeit unterschiedlich ausgeprägt, die mit der Taxonomie Job (SpielhallenbetreiberIn) – Beruf – Berufung (FloristIn) eingeordnet werden können. Während Floristikfachbetriebe dem Segment der künstlerischen Dienstleitung angehören, sind Spielhallen und Wettbüros in ihrem derzeitigen Angebot ein Wertschöpfung verzehrendes Segment. Angesichts der abhängigen SpielerInnen sind zudem schädigende Anteile enthalten.[30]

Damit relativieren sich auch die Ergebnisse von IW Consult. Insbesondere ist auch danach zu fragen, welche höheren ökonomischen und wohlfahrtsinduzierten Effekte die Kaufkraft von durchschnittlich 944.500 € pro Spielhalle in anderen Branchen hätte entfalten können. In Freizeitsektoren wie Tourismus, Kultur oder Veranstaltungen können bei gleichem Umsatz höhere positive Effekte auf Beschäftigung, regionale Wertschöpfung und Gesamtwirtschaft erzielt werden, bei weitaus geringeren negativen Effekten.

---

[30] Bevor der Vergleich für Floristikfachbetriebe in eine Art Sozialromantik abdriftet, soll nicht unerwähnt bleiben, dass insbesondere im Kontext des Imports von Schnittblumen, Arbeitsbedingungen in den Herkunftsländern, Pestizideinsätze und Transportwege in der konventionellen Blumenproduktion zu kritisieren sind. Zudem werden nicht abverkaufte Blumen entsorgt, weswegen in dieser Branche Aufschläge auf den Verkaufspreis von 200 % bis 300 % üblich sind.

4 Sozialstrukturelle Unterschiede, Praktiken und soziale (Fehl-)Urteile

Zu welchem Zweck werden sozialstrukturelle Daten erhoben, wie wird damit umgegangen und welche Ergebnisse sowie Erkenntnisse sind möglich? Das übliche Vorgehen in der empirischen Sozialforschung besteht u.a. darin, Variablen abzubilden und eine Unterscheidung in abhängige und unabhängige Variablen zu treffen.

Aus ökonomischer Perspektive versuchen Glücksspiel- und Wettanbieter, ihre Marketingmaßnahmen mit nur geringen Streuverlusten umzusetzen. Am Beispiel der TV-Werbung, die seit dem Glücksspielstaatsvertrag von 2021 erlaubt ist, wird deutlich, dass Wettanbieter, inhaltlich nachvollziehbar, die Spots überwiegend an Sportveranstaltungen koppeln.[31] Für die Glücksspielwerbung gelten Reglementierungen, demzufolge Werbung erst nach 21:00 abends und bis 06:00 morgens erlaubt ist. Hess und Zubayr (2023) haben Ergebnisse der ARD/ZDF-Programmanalyse 2022 vorgestellt und die Programmprofile der Sender Das Erste, ZDF, RTL, VOX, Sat.1 und ProSieben analysiert. RTL, VOX, SAT1, Pro Sieben weisen, kaum überraschend, signifikant weniger journalistische Information und weniger Sportsendungen auf, als ARD und ZDF, die sich im Übrigen aufgrund vertraglicher Verpflichtungen nicht angemessen gegen Werbung von Wettanbietern zur Wehr setzen können. Sendungen mit fiktionaler Unterhaltung, schwerpunktmäßig Krimi, Thriller, Mystery sowie Komödien, ergeben ein uneindeutiges Bild. Dafür ist der Anteil an nonfiktionaler Unterhaltung, überwiegend aus Show- und Quizformaten

---

[31] Obwohl TV-Werbung von Glücksspiel- und Wettbetreibern auf den Online-Markt gerichtet ist, verweist sie indirekt immer auch als Möglichkeit auf die stationären Angebote.

bestehend, sowie Reality-TV" (bis auf Pro Sieben) deutlich erhöht. (detaillierter siehe Hess, Zubayr 2023, S. 3)

Naheliegend sind für die Glücksspielwerbung, wenn eine werbeaffine und für Glücksspiel empfängliche Zielgruppe angesprochen werden soll, vorrangig Angebote, die dem Spannungsschema (Schulze 1993)[32] zuzuordnen sind, wie bspw. Actionfilme, Krimis, Thriller, Mystery und ergänzend das Genre Erotik.

Mit der empirischen Erhebung soziostruktureller Daten und ihrer Verdichtung zu Gemeinsamkeiten, ergeben sich allenfalls abstrakt-statistische Wahrscheinlichkeiten von Handlungen, nicht aber individuelle Zuordnungen.[33] „Die Einzelbetrachtung der Teilnehmer an Sportwetten sprechen dafür, dass vor allem Männer an Sportwetten teilnehmen, keine klare Alterstendenz zu erkennen ist und der Bildungsstand als tendenziell gering zu benennen ist .... Etwa ein Viertel der Teilnehmer an Sportwetten gibt an arbeitslos oder nicht erwerbstätig zu sein, das Haushaltseinkommen liegt bei etwa 58 % der Befragten zwischen 1.500 und 3.000 Euro und einen Migrationshintergrund weisen etwa 31 % der Teilnehmer an Sportwetten auf ..." (Herrmann 2020, S. 171) Dennoch heben sich (junge) Männer mit geringem Einkommen und niedriger Formalbildung, wie alle anderen Menschen auch, vom „pawlowschen Hund" ab, und sind nicht

---

[32] Aufgegriffen werden hier lediglich die Aktivitäten des „Spannungsschemas", nicht aber die von Schulze praktizierte Clusterzuweisung in Milieus.

[33] Insofern kann die Aussage von Jasny zur „Analyse der Angebotsstruktur von Geldspielgeräten" zwar einen empirischen Zusammenhang aufzeigen, aber keine weitergehenden Verweise auf subjektive Begründungen zur Nutzung oder Nicht-Nutzung. „Vor allem Regionen mit höheren Anteilen an Erwerbslosen, jungen Leute und Ausländern an der Gesamtbevölkerung verzeichnen eine größere Dichte an Geldspielgeräten." (Jasny 2019, S.129)

durch die „Glocke" der Glücks- oder Wettspielwerbung determiniert, so dass sie gar nicht anders könnten, als zu spielen.

Bereits durch den soziologischen Klassiker „Die Arbeitslosen von Marienthal" von Jahoda et al. (1933/2014, S. 70ff) ist bekannt, dass die Änderung der Lebenslagesituation innerhalb einer relativ homogenen Gruppe nicht automatisch identische Haltungen begründet. Vielmehr lassen die Verhältnisse der Lebenslage bestimmten Alternativen eine für das Subjekt begründete Angemessenheit zukommen. Diese subjektive Begründung muss im Übrigen nicht in jedem Fall intersubjektiv bzw. objektiv verständlich oder logisch sein. Die Begründungen, soweit sie bewusst und selbstreflexiv formulierbar sind, können nur die „Betroffenen" selbst geben.

All-inclusive-Urlaub führt demnach nicht automatisch zu täglich mehrmaliger Übersättigung und allabendlicher Trunkenheit.[34] Studierende während ihrer Qualifikationsarbeit ernähren sich nicht zwingend über Wochen von Tiefkühlpizza. Hunderte von schwer lesbaren Klausuren abends auszuwerten bedeutet für Lehrkräfte nicht, in regelmäßigen Abständen hilfsweise auf Rioja oder Frascati zuzugreifen. Und MedizinerInnen in der Facharztausbildung mit Schichtbetrieb und überlangen Arbeitszeiten greifen nicht mechanisch auf Barbiturate zu. Aber: aus subjektiver Sicht gibt es aus der jeweils spezifischen Lebenslage Handlungsgründe dies doch zu tun! Oder eben auch etwas ganz anderes oder Gegenteiliges.

Auf dem Feld der kommunalen Politik werden, wenngleich in zeitlich länger wiederkehrenden Abständen, Sportwetten auf ähnliche Weise getätigt. Allerdings mit dem Unterschied, dass die Politikakteure nicht persönlich für die eingesetzten Gelder

---

34 Zu den Ergebnissen einer repräsentativen Studie über die Gewichtszunahme im Urlaub nach soziodemographischen Daten siehe Grauvogl/fitbook 2022.

haften und eher auf symbolischen Gewinn orientiert sind. Tobias Wiesmann (Grüne), Stadtrat in Kaiserslautern äußerte sich gegenüber dem Deutschlandfunk in bemerkenswert offener Weise zur erheblichen finanziellen Unterstützung des Profifußballs durch die Kommune: „Aber im Grunde war das, wie sich im Nachhinein herausstellte, ein Harakiri-Vertrag. ... Es war im Grunde eine Sportwette. Denn nur wenn der FCK in der Champions League spielt, konnte er dieses Geld erwirtschaften. Und damit sind die damals Verantwortlichen eine Sportwette auf den sportlichen Erfolg des FCK eingegangen." (Kreuzer/Deutschlandfunk 2021)

Zahlreiche theoretische Grundannahmen und daraus abgeleitete methodologische und methodische Zugänge zur Thematik sind bereits fraglich. Bühringer, Professor am Institut für Klinische Psychologie und Psychotherapie, Arbeitsgruppe Abhängiges Verhalten, Risikoanalyse und Risikomanagement an der Technischen Universität Dresden hat sich 2020 in einer Stellungnahme zum Gesetzentwurf über die Zulassung öffentlicher Spielbanken in NRW zum so genannten „natürlichen Spieltrieb der Bevölkerung" geäußert, der auch immer wieder von der Automatenindustrie angeführt wird. „Dies ist ein veralteter und wissenschaftlich nicht mehr verwendeter Begriff aus der Zeit von vor hundert Jahren am Anfang des letzten Jahrhunderts (Freud und Schüler), der ursprünglich vor allem das Spielen von Kindern und jungen Tieren erklären sollte, neben einer Vielzahl von anderen Trieben. Dabei wurde davon ausgegangen, dass Triebe für menschliches Verhalten bei allen Personen gleichermaßen relevant sind. Es ist ein Rätsel, warum ein modernes Gesetz des 21. Jahrhunderts den Begriff noch verwendet, obwohl die Triebtheorie in der Wissenschaft heute nur noch historische Bedeutung hat. Die Unbrauchbarkeit des Konzepts zeigt sich auch darin, dass - bei weitgehend gleicher Verfügbarkeit - nur etwa 35-55% der erwachsenen Bevölkerung an Glücksspielen teilnehmen (mindestens einmal Teilnahme am Glücksspiel in 12 Monaten), und von diesen nur 1-2% eine Glücksspielstörung entwickeln, was die Triebtheorie in ihrem Allgemeinheitsanspruch für alle Personen nicht erklären kann." (Bühringer 2020) Die Ergebnisse der empirischen Sozialforschung beinhalten zudem die Gefahr einer interpretativen Verkürzung. „Wenn x und y gegeben sind, dann erfolgt mit hoher Wahrscheinlichkeit z." Gesellschaftliche Verhältnisse kommen in dieser Vorstellung lediglich als „unabhängige Variable" vor. Die Auseinandersetzungen zwischen Subjekten, Gruppen und Institutionen werden i.d.R. reduziert auf sozioökonomische Aspekte und ihre kausale „Wirkung" auf das individuelle Verhalten. „Wer arbeitslos ist, wird mit höherer Wahrscheinlichkeit spielsüchtig etc." oder die Deutsche Hauptstelle für Suchtfragen: „Ein Migrationshintergrund erhöht das Risiko, im Laufe des Lebens Probleme mit dem Glücksspielen zu bekommen, um mindestens das Dreifache (BZgA 2016, S. 99) oder sogar um das Sechsfache (PAGE-Studie 2011, S. 58). (2018, S. 18) Auch die Versuche, eine unmittelbare Kausalität zu überwinden, münden mit multiplen Variablen oder besonderer Vulnerabilität lediglich in einem abgeschwächten Determinismus. Beispielhaft ist die unpräzise Typologisierung von SpielerInnen (Meyer; Bachmann 2005) anzuführen.

Die Etikettierung von Sozialen Spielern in Tabelle 7 irritiert insofern, als das allen anderen Formen des Spielens indirekt unterstellt werden könnte, sie seien unsozial oder asozial. Auch die Bezeichnung „Problematische Spieler" wirft Fragen auf. Sind die Spieler problematisch, haben sie Probleme, bereitet man ihnen Probleme, oder leben sie in problematischen Verhältnissen?

Tabelle 7: Unpräzise Spielertypologie

Spielertyp	Merkmale
Soziale Spieler	Größte Gruppe unter den Glücksspielern
	Unterhaltung, Spaß
	Unauffälliges Spielverhalten
Professionelle Spieler	Nur wenige Spieler
	Spielen häufig illegal
	Verdienen Lebensunterhalt mit Glücksspielen
	Distanziertes und kontrolliertes Verhältnis zum Spielen
Problematische Spieler	Sind gefährdet
	Befinden sich in Übergangsphase
	Schuldgefühle, erste Vernachlässigung von Verpflichtungen, erste höhere Geldverluste
Pathologische Spieler	Schwerwiegende Probleme mit Glücksspiel
	Unkontrolliertes Spielverhalten

Quelle: vgl. Meyer; Bachmann 2005

Auch in der vierten Auflage des von Meyer und Bachmann publizierten Standardwerks „Spielsucht. Ursachen, Therapie und Prävention von glücksspielbezogenem Suchtverhalten" (2017) wird nicht vom deterministisch geprägten Theoriezugang abgerückt. „Es lassen sich 3 unterschiedliche Pfade aufzeigen, die sich in entsprechenden Spielertypen manifestieren: unauffällige, verhaltenskonditionierte Problemspieler, bei denen sich in erster Linie soziale Faktoren und Lernprozesse als ursächliche Bedingungen auswirken, emotional anfällige Problemspieler, die bereits vor dem Beginn des Spielens eine (primäre) psychische Störung (Depression, Angst) aufweisen und antisoziale, impulsive Problemspieler, bei denen eine psychische und biologische Anfälligkeit (Impulsivität) im Vordergrund steht." (Meyer; Bachmann 2017, S. 168)

Selbst Biologismen finden Eingang in das Werk, wenn bspw. behauptet wird: „Männer sind in der Regel spielfreudiger als Frauen." (Meyer; Bachmann 2017, S. 102) Als Gattungswesen Mensch sind in beiden biologischen Geschlechtern alle (!) Eigenschaften und Verhaltensweisen verinnerlicht. In welcher spezifisch subjektiven Ausprägung sich diese entwickeln und äußern, ist ganz überwiegend eine Frage der gesellschaftlichen Figuration, der damit verbundenen positionsspezifischen Rahmenbedingungen und der individuell sowie kooperativ entwickelten Handlungsfähigkeit. Die Denkfigur, dass es Ursachen, Auslöser und/oder traumatische Kindheiterlebnisse geben müsse, die als „Bedingungen" auf die Subjekte „wirken", die dann „reagieren", ignoriert, dass sich die Subjekte zu ihren Lebenslageverhältnissen bewusst zu für sich als bedeutsam erachteten Möglichkeiten entscheiden können.

In Abgrenzung zu medizinisch-naturwissenschaftlichen Typologieversuchen kommen Reichertz et al. (2010, S. 211) anhand ihrer Feldstudien zu insgesamt neun „Spielertypen", die sie aus sozialwissenschaftlicher Perspektive erstellen, unter der Maßgabe „Sinn und Handeln der Spieler verständlich" zu machen. Bemerkenswert am Vorgehen von Reichertz et al. ist die Berücksichtigung und das ernst nehmen von subjektiven „Widersprüchlichkeiten", die als Voraussetzungen für das Verstehen der Tätigkeiten gelten.

Darüber hinaus erstellen die Autoren zusätzlich Typisierungen aus der Perspektive der Spielhallenbetreiber (S. 205), des Servicepersonals (S. 206) und der Spieler (S. 208).

Tabelle 8: Spielertypen aus sozialwissenschaftlicher Sicht

Shoot-Outer	„Duell mit dem Automaten"
Thrilljäger	Spannung durch Eingehen von Risiken
Erlebnissucher	Abwechslung und neue Angebote
Geldjäger	„Rationalist unter den Irrationalisten"
Auf-das-Spiel-Bezogene	„möglichst lange Spielen ist das Ziel"
Traditionalist	bekannter Rahmen, vertraute Abläufe
Selbstsorger	Versenkung, Meditation, Entspannung
Schicksalsbefrager	ob ihm „das Glück gnädig ist"
Zeittöter	Eskapismus, „Ausweg, kleine Fluchten"

Quelle: Reichertz et al. 2010, S. 212ff, dort detaillierter

Die Mehrheit der Studien greift die Frage zur 12-Monats-Prävalenz auf, die zeitlich zu weit gefasst ist, mit einer damit verbundenen schwachen Aussagefähigkeit. Banz und die Bundeszentrale für gesundheitliche Aufklärung gehen schließlich soweit, dass die 16- bis 70-Jährigen danach gefragt wurden, ob sie in ihrem Leben (sic) bereits an mindestens einem Glücksspiel teilgenommen hätten, was Dreiviertel der Befragten bejahten. (Banz/BZgA 2019, S. 69) Würde noch das „Denken an ein Glücksspiel" während der bisherigen Lebensspanne in die Fragestellung miteinbezogen, eine hundertprozentige Bejahung wäre gewiss. Die Intervalle kultureller, sozialer und sinnlich-vitaler Praktiken sind nicht unter einem Einheitszeitraum zu erfassen. Zudem wäre zwingend auf den Kontext der Aktivitäten einzugehen.

Ein konkretes Beispiel zu Spielhallenbesuchen mag die verkürzte Fragestellung verdeutlichen: In einer Kleinstadt am linken Niederrhein mit ca. 20.000 EinwohnerInnen existiert kein Billard- und Bowlingcenter und auch keine Gastronomie mit einem einzelnen Billardtisch. Als einzige Alternative kommt eine der drei Spielhallen im Gewerbegebiet in Frage, die über zwei Billardtische verfügt. Etwa zweimal im Monat besucht ein Paar aus dem gehobenen bürgerlichen Milieu die Spielhalle, zumeist Freitag- oder Samstagabends, um für etwa 2 Stunden ausschließlich Billard zu spielen. In einer Statistik zu Spielhallenbesuchen wären diese beiden Personen als regelmäßige Besucher zu führen. Eine direkte Befragung der beiden Personen ergäbe jedoch, dass sie jedes andere Angebot in einer Gastronomie, einem Billard-Café oder einem Billard- und Bowlingcenter vorziehen würden und sich selbst „eigentlich" nicht als Spielhallenbesucher sehen. Demzufolge kann ein differenzierter Ansatz bei der Erfassung von Spielhallenbesuchen, der tägliche, wöchentliche und monatliche Frequenzen und die zugrundeliegende Motivation berücksichtigt, ein detailliertes und treffendes Bild der Glücksspielaktivität in der Bevölkerung liefern.

Neben den methodologischen und methodischen Problemen zur Erfassung von Glücksspielabhängigkeiten, kommen wissenschaftstheoretisch zweifelhafte Behauptungen von Seiten der Neurobiologie hinzu.[35] Meyer/Bachmann (2017) bewegen sich in ihrer Publikation „Spielsucht" anfänglich auf der Ebene eines unbewiesenen Biologismus „Da jedes lustbetonte menschliche Verhalten zur Ausschweifung neigt ..." (S. 61), um nachfolgend Abhängigkeit als Krankheit zu definieren: „Die Wiederentdeckung der Kategorie »Sucht« basiert im Wesentlichen auf aktuellen neurobiologischen Befunden, die auf eine genetische Anfälligkeit, biologische Risikofaktoren, Funktionsstörungen im Gehirn und die Effektivität neurobiologischer Interventionen

---

[35] Bereits die Ergebnisse aus ratten- und laborpsychologischen Experimenten, die zu einem hohen Grad auf Menschen übertragen werden, sind Gegenstand wissenschaftstheoretischer Kritik, da sie Subjektivität systematisch unterlaufen.

bei Suchterkrankungen allgemein hindeuten. Vor diesem Hintergrund wird Sucht zunehmend als eine Erkrankung des Gehirns aufgefasst." (S. 61) Dass Abhängigkeiten auf Dauer krankmachende Reaktionen im Körper auslösen können, ist unbestritten. Die Abhängigkeit selbst ist jedoch keine Krankheit.[36] Die von Meyer/Bachmann zugrunde gelegten „Befunde" können insofern keine belastbare Grundlage für die weitere Argumentation sein. Junge Männer mit türkischem Migrationshintergrund sind also statistisch gesehen deswegen um ein Mehrfaches als der Durchschnitt der Bevölkerung glücksspielabhängig, weil sie genetisch anfällig sind, biologische Risikofaktoren in sich tragen und an Funktionsstörungen im Gehirn leiden? Wer sich das wissenschaftstheoretisch zu eigen macht, könnte damit auch die Unterschiede zwischen Männern und Frauen „erklären". „Das Risiko, zu viel oder zwanghaft um Geld zu spielen, erhöht sich auf das Fünffache bei Männern gegenüber Frauen." (Bundeszentrale für gesundheitliche Aufklärung 2016, S. 97)

Haase gelangt in seiner Befragung und Studie von 2011 zu folgender Einschätzung: „Diese Befunde – insbesondere die schwankende Pathologiebelastung im Lebensverlauf – sprechen eindeutig gegen die Vermutung, pathologisches Spielverhalten sei monokausal durch ein Spielangebot verursacht. Würde es zutreffen, dass Glücksspielangebote pathologisches Spielverhalten verursachen, müssten alle Altersstufen in etwa gleich belastet sein. ... Vielmehr sind diese Ergebnisse ein untrüglicher Hinweis darauf, dass pathologisches Spielverhalten

---

[36] Eine Parallele ergibt sich zur Niedergeschlagenheit, die jeweils subjektiv begründet ist, jedoch von Teilen der Medizin als Depression pathologisiert wird. Aus kritischer Perspektive überaus aufschlussreich zu diesem Themenfeld: Charlotte Jurk: Der niedergeschlagene Mensch. Depression. Geschichte und gesellschaftliche Bedeutung einer Diagnose, Münster 2008.

Ausdruck von persönlichen Befindlichkeiten ist, die Menschen veranlassen, bestimmte Spielarten mehr oder minder bewusst zu wählen und sie in pathologischer Weise zu nutzen." (Haase 2011, S. 34)

Die unterschiedlich hohen Ausprägungen innerhalb der Alterskohorten sind vor allem begründet in unterschiedlichen Lebenslageverhältnissen.[37] Wenn es diese Schwankungen gibt, so stellt sich die Frage, warum die biographischen Veränderungen mit einer Reduzierung oder Einstellung der psychotropen Substanzen bzw. nicht-stoffgebundenen Aktivitäten verbunden ist. Naheliegend sind bei veränderten Rahmenbedingungen der Subjekte entsprechend bewertete Bedeutungsverluste der Substanzen bzw. Aktivitäten, die die Reduzierung oder Einstellung begründen.

Braun und Gekeler (2011, S. 49) weisen darauf hin, dass „sich immer wieder Menschen finden, die, nachdem sie eine Droge über Jahre hinweg in exzessiver Weise genommen haben, den Gebrauch eingestellt haben, und zwar ohne professionelle pädagogisch-therapeutische Unterstützung." Möglich ist diese Entscheidung der Subjekte, weil sie ein bewusstes Verhältnis zum Drogengebrauch eingehen und auch wieder aufgeben können. Der plötzliche Tod des Partners, kann als eine mögliche Form durch selbstgewählte Isolation und Alkoholkonsum, mit den damit verbundenen selbstschädigenden Ausprägungen, beantwortet werden. Seit jeher haben Soldaten in Kriegseinsätzen auch, nicht ausschließlich, psychotrope Substanzen eingenommen. „...so sei an die US-Soldaten in Vietnam erinnert, die Heroin benutzt haben und nach den üblichen Regeln auch

---

[37] Aktuelle Zahlen zu Alterskohorten finden sich bei Buth et al 2023, S. 29f.

abhängig waren, nach ihrer Rückkehr in die USA aber größtenteils den Konsum von Heroin einstellten." (Braun/Gekeler 2011, S. 58)[38]

Nun könnte eingewendet werden, dass diese Beispiele auf drastische Ausnahmesituationen verweisen und demnach nicht geeignet seien, für alltägliche Lebensverhältnisse. Dazu abschließend noch einmal ein Beispiel von Braun/Gekeler (S. 58f): „Es ist außerdem daran zu erinnern, dass Heroin zu Beginn dieses Jahrhunderts (20. Jhdt., J.S.) über 20 Jahre weltweit als Medikament der Firma Bayer vertrieben wurde und dass Heroin ein gesetzlich geschütztes Warenzeichen darstellte. Heroin galt insbesondere als Beruhigungsmittel bei Husten für – so wörtlich – Großvater und Enkel! Auch hier ist offensichtlich, dass hundert Millionen „Abhängige" sich selbst aus ihrer „Abhängigkeit" befreien konnten. Therapie war nicht nötig. Strafe auch nicht."[39]

Allerdings ist ebenso unstrittig, dass es Menschen gibt, die, so sie denn für sich eine Notwendigkeit begründen, professionelle Hilfe in Anspruch nehmen oder nehmen müssen. Bundesweit befanden sich 2018 ca. 7.000 Personen in einer der Beratungs- oder Behandlungsstellen, denen die Hauptdiagnose „Pathologisches Spielen" an „Glücksspiel"automaten vergeben wurde. Bis zum Jahr 2022 sank die Zahl auf ca. 5.000 Personen (siehe Meyer et al. 2018, S. 5 und Meyer 2024, S. 77). „Die Deutsche Suchthilfestatistik 2022 für stationäre Rehabilitationseinrichtungen (IFT Institut für Therapieforschung, Forschungsgruppe Therapie und Versorgung, 2023c) berichtet in 162 teilnehmenden Einrichtungen 940 Fälle mit Einzeldiagnose

---

[38] Ausführlich zum Drogenkonsum von US-Soldaten während des Vietnamkrieges siehe Timo Bonengel: „A nice mellow war"? Drogen im Vietnamkrieg 1965-1973, Erfurt 2014.

[39] Siehe dazu auch Evers/Der Spiegel 2000: Medizingeschichte. Viel Spaß mit Heroin.

„Pathologisches Spielen" und 418 Fälle mit Hauptdiagnose „Pathologisches Spielen" (Meyer 2024, S. 78).

Mit dem Hinweis auf die relativ geringe Anzahl soll in keiner Weise das erfahrene Unglück oder die Belastung der Betroffenen relativiert werden. Jedoch wäre ein ambitioniertes gesellschaftliches und insbesondere politisches Interesse allein für 0,009 % der Bevölkerung kaum ausreichend. Tatsächlich ist die Anzahl der Personen größer, die durch ihr Verhältnis zu Glücksspielen ihre alltägliche Lebensweise beeinträchtigen und zudem durch Verschuldung die Beeinträchtigung in ihre Zukunft verlagern. Wie umfangreich die Gesamtzahl an Menschen mit einem „riskanten" oder „gestörten" Spielverhalten ist, unterliegt kategorialen und methodischen Voraussetzungen.

Eines der aktuell üblichen Instrumente zur Klassifizierung für psychische Störungen ist das von der American Psychiatric Association (APA) entwickelte DSM-5 (Diagnostic and Statistical Manual of Mental Disorders, 5. Ausgabe).[40] Auch Meyer (2024, S. 80) bezieht sich auf das DSM-5 (5. Auflage) mit neun

---

[40] Die APA hat in den letzten Jahrzehnten in mehreren Auflagen die Anzahl der psychischen Störungen von 106 im Jahr 1952 auf 374 im Jahr 2013 angehoben (Davies 2013, Preface). Mit der Skalierungsbandbreite „leicht, mittel, schwer" können Standards abgesenkt und in den Störungsbereich aufgenommen werden. Inzwischen wurden bspw. vormals lange als üblich bewertete Trauerreaktionen bei einschneidenden Lebensereignissen (z.B. Todesfall in der Familie) in die Diagnose „Major Depression" aufgenommen. Das Vorgehen sorgte bei amerikanischen Soziologen für Kritik. „Nicht jeder, der die Kriterien der aktuellen Einteilung psychischer Erkrankungen erfüllt, hat eine Depression" (Goddemeier 2008, S. 561). Insbesondere werden finanzielle Interessenkonflikte zwischen Ärzten/Psychologen und Pharmaindustrie in Bereichen mit pharmakologischen Behandlungen als problematisch erachtet. Von den 92 beteiligten US-Ärzten/Psychologen am DSM-5 (Textversion) in Gremien und Arbeitsgruppen erhielten 55 (60 %) insgesamt 14,2 Mio. $ (durchschnittlich 258.000 $ pro Arzt) (siehe dazu Davis et al. 2024).

Kriterien und 17 Einzelfragen. Je nach Beantwortung, werden die Personen in Schweregrade ihrer Störung eingeteilt. Eine milde, bzw. leichte Störung hat, auf wen vier bis fünf Kriterien zutreffen. Höhere Einstufungen erfolgen bei sechs bis sieben Kriterien (mittlere Störung) sowie acht bis neun Kriterien (schwere Störung).

Methodenkritisch ist zuerst anzumerken, dass sich die Fragen auf einen Zeitraum der zurückliegenden 12 Monate beziehen und nicht die Intensität der Tätigkeit erfassen. Der lange Zeitraum kann eventuell saisonale Schwankungen im Glücksspielverhalten ausgleichen und zudem gelegentlich spielende Spieler erfassen. Bei einem kürzeren Zeitraum von bspw. drei Monaten wäre dies möglicherweise nicht mehr der Fall.

Auf der anderen Seite ist die Einführung der subklinischen Kategorie: "Riskantes Spielverhalten" keine klinische Diagnose. Bereits ein einziges erfülltes Kriterium des DSM-5 reicht aus, um damit das potenzielle Risiko einer Person „einzuschätzen". Wie begründet sich das Urteilsvermögen über eine weit zurückliegende, negativ bewertete Aktivität, die womöglich bereits selbständig oder mit Unterstützung des jeweils sozialen Umfeldes verarbeitet wurde?[41] Letztlich können mit dieser methodischen Variante zusätzliche Untergruppen konstruiert werden, die wiederum die Gesamtzahl anheben. Von den Personen, die mit einem riskanten Spielverhalten etikettiert werden, nehmen fast ein Viertel (24,1 %) weniger als einmal im Monat an einem Glücksspiel teil (Buth et al. 2024, S. 33). Da der monatliche Geldeinsatz (nicht Geldverlust) der „riskanten Spieler" bei

---

[41] Kein Spielbeobachter würde über einen Torwart eine derartige Äußerung anstellen. Weil der Keeper vor neun Monaten einmal einen Ball durch die Hände gleiten lies, wird ihm aktuell noch riskantes Spielverhalten unterstellt.

durchschnittlich 125 € liegt[42], bewegt sich die Untergruppe (weniger als einmal pro Monat) hochgerechnet auf einen Monat in einer Spannweite von etwa 10-70 €. An dieser Stelle bereits den Begriff des Risikos zu verwenden, erscheint unangemessen. Grundsätzlich ist anzuführen, dass nicht jede Störung bereits zu einer Beeinträchtigung der alltäglichen Lebensweise und zu einer eingeschränkten Teilhabe am gesellschaftlichen Leben führt. Ähnlich kritisch äußern sich auch Drews und Wuketich (2019): „Auch die Diagnosekriterien des DSM V können durchaus kritisch betrachtet werden. Zum einen sind sie wenig sensitiv gegenüber kulturellen Unterschieden (Edman, Berndt 2016) und zum anderen sind laut der Analyse von Scimecca (2015) 6 der 9 Kriterien auch alternativ interpretierbar und die als naturwissenschaftlich präsentierte Tatsache kann als soziales Konstrukt demaskiert werden. Auch die Grenzziehung von Diagnose- oder Messinstrumenten zwischen gesund und krank erscheint oftmals als beliebig." (S. 32)

Ein weiteres Problem ergibt sich aus den geringen Fallzahlen in den einzelnen Gruppen des Glücksspiels-Survey. Eine Stichprobengröße von n = 121-78-78 Personen bei den drei Ausprägungen zur Glücksspielstörung sind zu gering, um zuverlässige Rückschlüsse auf die Gesamtbevölkerung zu ziehen. Dennoch werden die niedrigen Ausprägungen hochgerechnet und dazu benutzt, um im medial-politischen Umfeld Handlungsnotwendigkeiten hervorzurufen. So titelte die „tagesschau" am 13.11.2023: „1,3 Millionen Deutsche von Glücksspiel abhängig" und im weiteren Verlauf „3,3 Millionen Menschen zeigen ein riskantes Glücksspielverhalten mit ersten Anzeichen für eine Sucht..." (www.tagesschau.de). Wer sich bis dato noch nicht mit der Thematik auseinandergesetzt hatte und die hoch-

---

[42] Siehe Buth et al. 2024, S. 32.

gerechneten Werte lediglich zur Kenntnis nahm, musste sich alarmiert zeigen.

Allerdings werden von Buth et al. die erhobenen Zahlen zumindest mit einem 95 % Konfidenzintervall dargestellt. Demnach können sich die drei Grade der Glücksspielstörung mit 95-prozentiger Wahrscheinlichkeit zwischen 1,8 % und 2,8 % an Bevölkerungsanteilen bewegen (auf der schmalen Basis von 277 Personen). Insofern hätte in der „tagesschau" (stellvertretend für weitere Medien) mit Vorbehalt eine Spannweite zwischen 1 und 1,5 Mio. Menschen Erwähnung finden können. Wie problematisch die Spannweite aufgrund der geringen Stichprobengröße ist, wird u.a. bei den Daten für die beiden (biologischen) Geschlechter deutlich. Eine schwere Glücksspielstörung wird für Männer mit 0,6 – 1,1 % und Frauen mit 0,4 – 0,7 % angegeben, und auf zigtausende von Menschen hochgerechnet. Werden beide Spannweiten miteinander verglichen, so entsteht ein Verhältnis von 2,75:1 bis 1:1,17 auf der Datenbasis von 48 Männern und 30 Frauen. Daraus zu ziehende politische Konsequenzen fußen demnach auf karger Grundlage.[43] Eine noch größere Spannweite geben Meyer/Bachmann (2017, S. 68) an, die die Ergebnisse verschiedener Studien zusammenfassen, wonach „... 0,19–0,68 % der Bevölkerung ein problematisches Spielverhalten (zeigen, J.S.), bezogen auf die vergangenen 12 Monate.

---

[43] Zur Lobbyarbeit der Glücksspielindustrie siehe Schütze et al. 2023, S. 120ff. Auf das vom Bundesverband deutscher Spielbanken, dem Deutschen Online Casinoverband, dem Deutschen Sportwettenverband und der Deutschen Automatenwirtschaft in Auftrag gegebene umfangreiche Gutachten zur Methodologie- und Methodenkritik von Schüller (2023): „Qualitätsanforderungen an Studien zur Ableitung von Regulierungsmaßnahmen: Kritische Evaluation des Glücksspiel-Surveys 2021" kann an dieser Stelle nicht eingegangen werden. Eine Stellungnahme zum Gutachten haben die Autoren des kritisierten Surveys abgegeben: www.isa-guide.de.

Hochgerechnet auf die Einwohner sind 98.000–362.000 Personen davon betroffen. Bei 0,19–0,82 % der Bundesbürger ist ein pathologisches Spielverhalten erkennbar. Die Anzahl der pathologischen Spieler lässt sich entsprechend mit 103.000–436.000 beziffern."

Nun sind die Autoren nicht verantwortlich für die erzeugten Ergebnisse der Studien, aber diese erhebliche Spannweite in einem Standardwerk unkommentiert zu lassen, muss dann doch verwundern. Auf welcher Basis und in welchem Umfang sozialpädagogische, therapeutische sowie politische Entscheidungen und Maßnahmen ergriffen werden sollen, ist mit derartig ungenauen Zahlen schlechterdings kaum zu erklären.

Die hier vertretene Auffassung von Abhängigkeit („Sucht") geht nicht von einer automatisch sich entwickelnden Stufenleiter immer problematischer werdenden Verhaltens aus. Einmal „damit" begonnen, „müsse das ja in der Katastrophe" enden.[44] Eine derartige Sichtweise ist in dreifacher Hinsicht verkürzt.

Erstens reduziert diese wissenschaftstheoretische Perspektive die Subjekte als lediglich reagierende, den äußeren Reizen hilflos ausgelieferte Wesen, quasi als biologisch determinierte Marionetten. Ohne Kenntnis über die Lebenslageverhältnisse und der Handlungsgründe werden allenfalls (scheinbar) objektive, als „richtig" interpretierte Handlungen offeriert. Sie müssen jedoch in ihrer Subjekt-Objekt-Verkehrung zwangsläufig die Problematik verfehlen. Insofern die Verlockungen der

---

[44] Die Deutsche Hauptstelle für Suchtfragen vermittelt in ihrer 2018 herausgegebenen Broschüre mit dem Dreischritt „Gewinn – Verlust – Ruin", das naheliegende Szenario: Gewinne am Anfang verführen oft zum Weiterspielen! Verluste kommen automatisch und wiederkehrend. Sonst würden alle gewinnen ... Am Ende steht der soziale Ruin. Weiterspielen trotz hoher Schulden. Es können Delinquenz und Suizid folgen! (2018, S. 8)

Spielhalle, die sensorischen Stimulationen und variabel gestalteten Belohnungssysteme zum agierenden Subjekt erhoben werden, können in dieser Denkfigur die Subjekte nur noch als determinierte und defizitäre Quasi-Objekte bestimmt werden.

Zweitens wird vernachlässigt, dass nicht nur ein unmittelbar individualpsychologischer Kontext zu berücksichtigen ist, sondern darüber hinaus spezifische Lebenslagen in widersprüchlichen gesellschaftlichen Verhältnissen. Den soziologischen Kontext auszublenden hieße jedoch, die gesellschaftlichen Widersprüche ausschließlich in den Subjekten als ihre eigenen „inneren" Widersprüche zu verorten und auch nur dort zu versuchen, eine (vermeintliche) Lösung anzustreben (siehe auch Vandreier 2011; 2025).

Drittens ist zu berücksichtigen, dass die Subjekte grundsätzlich über je individuelle Handlungsgründe für ihr Handeln verfügen, die sich nicht immer am vermeintlich „objektiv Sinnvollen" orientieren. Auch wenn die aus den Begründungen erwachsenen Handlungen unmittelbar oder auf Dauer selbstschädigend sind und ihre langfristige Verfügung über die eigenen Lebensverhältnisse sozial, emotional und finanziell einschränken, so bleiben es dennoch ihre je eigenen Gründe.

Am Beispiel der so genannten Kaufsucht kann die Problematik verdeutlicht werden. Kaufsucht ist nicht primär hervorgerufen durch ein vielfältiges, buntes Angebot des Einzelhandels in Einkaufsstraßen der Innenstädte, sondern durch eine gesellschaftliche Figuration, die soziale Isolation befördert und individuell über das Kauferlebnis versucht, das Bedürfnis nach Zuwendung zumindest kurzfristig zu realisieren. Demzufolge sind in dieser Konstellation die erworbenen Produkte zweitrangig. Dass die im Dienstleistungsverhältnis dem Verkäufer notwendig auferlegte Freundlichkeit und Zuwendung eine lediglich indirekt erkaufte ist, führt durch die dadurch nur temporäre und oberflächliche Befriedigung, ohne anderweitige Alternativen gleichrangiger Bekanntschaft und evtl. späterer Freundschaft, immer wieder zu Wiederholungskäufen.

Problematisch sind also die Verhältnisse, die für einen Teil der Menschen zu Isolation führen und die damit verbundenen fehlenden Möglichkeiten ihrer tatsächlichen befriedigenden und langfristig gelingenden Überwindung.

Sich von der Ernstwelt zu entfernen und temporär in eine „andere Welt" als passive/r ZuschauerIn oder AkteurIn zu begeben, ist in allen kulturellen Bereichen möglich, insofern sie mit einem Mindestmaß an Bereitwilligkeit oder Selbstsuggestion erfolgen. Das trifft strukturell auf das Sportspiel ebenso zu, wie das Musizieren, den Kino- oder Theaterbesuch oder das Feld der gegenständlichen Künste. Die Liste an Aktivitäten ließe sich beliebig fortführen.

Die Bewertung sowohl der i.w.S. kulturellen Aktivitäten, als auch der damit verbundenen ZuschauerInnen und AkteurInnen, unterliegt nun einem beständigen Positionieren um die legitimierte gesellschaftliche Anerkennung. Briefmarken- und Münzsammeln haben ihren Zenit bereits vor Jahrzehnten ebenso überschritten, wie Flippern oder Trabrennen. Durch eine zunehmende Kommodifizierung nahezu aller Praktiken geraten auch vormals rein private Aktivitäten, wie bspw. die Partnersuche in den Fokus warenförmiger Angebote. Was vor Jahrzehnten noch ausschließlich unter der Anonymität der Chiffre-Zusendung erfolgte und von Außenstehenden, die „das" nicht nötig hatten, mitleidig belächelt wurde, ist inzwischen ein permanent beworbener und florierender Milliardenmarkt geworden.

Die Schwankungen der Akzeptanz sowie der Waren- und Dienstleistungsangebote sagen vor allem etwas über (vermeintliche) Modernität und Antiquiertheit aus. Hinzu gesellen sich allerdings noch Aussagen zur kulturellen Taxonomie. Mit dem Wertekanon der bürgerlichen Hochkultur werden bspw. die populären Angebote und NutzerInnen des harmonieorientierten Milieus abgewertet und geschmäht. Im Feuilleton der überregionalen Tageszeitungen findet das allzu Populäre nicht statt, und falls doch, dann als Steilvorlage zur Kritik.[45] Eskapismus-Unterhaltung durch Schlager, volkstümelnde Musik, Kochshows, Ratesendungen, Arztromanverfilmungen, Formate wie die Lifestyle-soaps „Shopping-Queen" und „Zwischen Tüll und Tränen" (für Uninformierte: Thema sind Hochzeitskleider) sowie (Pseudo)-Reality-Shows mit der ökonomischen Unterschicht gelten unisono und ohne Abstufungen als Trash und Kitsch der niedrigsten Stufe der „Kultur". Die Intellektuellen, präziser die links-liberalen Intellektuellen, formulieren ihre Kritik vornehmlich aus der Perspektive des Verblendungszusammenhangs und der damit verbundenen Ablenkung von den „eigentlichen" Interessen, die sie allerdings häufig nur abstrakt und aus der Distanz „kennen". Damit erfahren die NutzerInnen abgewerteter Kultur Kritik von zwei Seiten.

Grundsätzlich wäre neben der handwerklichen Kritik an den Low-Budget-Produktionen zu fragen, was die Gründe für den Konsum sind. Über das Prinzip Suggestion und Selbstsuggestion kann das Abtauchen in eine heile Welt gelingen, die einen Kontrapunkt zur komplexen, belastenden und evtl. auch existentiell bedrohlichen Berufs- und Alltagswelt darstellt. Die bislang unerfüllten Träume und Hoffnungen bieten über romantisierende (und zumeist unrealistische) Darstellungen von sozialen Beziehungen in idyllischer Umgebung einen Zufluchtsort,

---

[45] Ein aktuelles Beispiel lieferte Bernhard Heckler jüngst im Feuilleton der Süddeutschen Zeitung zur neuen Hymne des FC Bayern München: „Hoch die Schals und auf die Texttafel schielen". (Heckler/SZ 10.03.2025)

der zumindest vorübergehend eine psychische Entlastung verschaffen kann. Andererseits kann die „Sucht" subjektiv auch als (vorübergehend) hilfreich interpretiert werden, wenn bspw. Beruhigungsmittel oder Aufputschmittel, je nach Bedarf, eingenommen werden, um alltäglich-berufliche Anforderungen bewältigen zu können.

Ausgerechnet die Berufsgruppe der ÄrztInnen, die von Berufswegen ihren PatientInnen gegenüber einer gesundheitsorientierten Lebensweise das Wort redet, ist gegenüber den Daten zur Bevölkerung sogar überproportional von Alkohol und Medikamenten abhängig und betrifft ungefähr 25.000 MedizinerInnen (Rauschert 2022). Auch Soukup und Schmale gehen bereits 2009 auf dieses gesellschaftliche Tabu-Thema ein: „Obwohl die Datenlage, insbesondere für den deutschsprachigen Raum, sehr gering ist, lässt sich eine im Vergleich zur Allgemeinbevölkerung höhere Prävalenz einer Substanzabhängigkeit unter den Medizinern nachweisen. Mit der Allgemeinbevölkerung dagegen vergleichbar ist die Art der Abhängigkeit. Als häufigste Droge findet sich der Alkohol, gefolgt von Nikotin und Benzodiazepinen. Betrachtet man zusätzlich noch die fachspezifische Prävalenz, so findet man insbesondere unter Anästhesisten bzw. Intensivmedizinern doch eine deutlich höhere Prozentzahl. Ursächlich hierfür sind sicherlich neben den berufsbedingten Problemen (Stress, Burn-out etc.) die Griffnähe zu den Medikamenten und zunächst auch die notwendige pharmakologische Kenntnis der Substanzspezifika." (Soukup; Schmale 2009, S. 294)

Insbesondere AssistenzärztInnen im Krankenhaus-Schichtbetrieb, mit deutlich mehr als 50 Stunden Arbeitszeit, psychisch belastenden Operationen (z.B. als ChirurgIn), Rufbereitschaft in der „Freizeit" sowie hierarchischen Arbeitsverhältnissen und Abhängigkeiten bis zum Facharzt/Fachärztin lassen es bspw. in

Ermangelung an rasch wirksamen Alternativen als funktional erscheinen, auf psychoaktive Substanzen (Benzodiazepine und Barbiturate) zuzugreifen. Die Einnahme wirkt u.a. beruhigend, angst- und krampflösend, muskelentspannend, stimmungsaufhellend und schlaffördernd.

Auf LehrerInnen trifft ebenfalls zu, dass etwa 5-7 % als alkoholkrank gelten. Hochgerechnet würde das eine Anzahl von ca. 50.000 Lehrkräften an Schulen bedeuten. „Dass Kolleg*innen stark angetrunken in der Schule auftauchen, ist aber der Ausnahmefall. Häufiger kommt es vor, dass Betroffene regelmäßig abends bei Korrekturarbeiten eine Flasche Wein trinken." (Hering 2017, S. 22)

„Eine "Suchtpersönlichkeit" im klassischen Sinne gibt es nicht. Alter, Gesellschaftsschicht oder geschlechtsspezifische Muster spielen keine Rolle." (Soukup; Schmale 2009, S. 287) Zu dieser These können weitere Beispiele angeführt werden. Wenn ca. 80 % Männer Nutzer von Spielhallen und Wettbüros sind, stellt sich bspw. die Frage, wo demzufolge Frauen stark überrepräsentiert sind. Ein Blick auf den ca. 20 Mrd. € Sektor der Esoterik, Astrologie, Wahrsagerei und Mystik gibt eine Antwort auf diese Frage (Klaus 2017). Neben diesem geschlechterspezifischen Hinweis wurde mit den exemplarischen Beispielen der Berufsgruppen der MedizinerInnen und LehrerInnen deutlich, dass der Zusammenhang zwischen „Sucht" und Gesellschaftsschicht übergreifend ist. Auch Computerspiele können Suchtpotential mit nachgerade skurrilen, gleichwohl subjektiv begründeten Erscheinungen entfalten. Während der Corona-Phase mit ihren zuweilen drastischen Ausgangsbeschränkungen, erhielten Computerspiele im Kontext sozialer Isolierung plötzlich eine Funktionalität selbst für Personen über 60 Jahre, die zuvor über keine derartigen Interessen verfügten.[46]

Das Eskapismus-Prinzip, Rückzugstendenzen in das private Umfeld, Flucht in die sichere, heile oder spektakuläre, adrenalinerzeugende Welt, sind demzufolge keine ausschließlichen Praktiken des so genannten Harmonie-Milieus oder der ökonomischen Unterschicht.[47] Umfangreiche und intensive Ausprägungen, die das Verhältnis zur (Ernst)-Welt reduzieren und/oder beeinträchtigen, sind als Grundmuster in allen gesellschaftlichen Schichten anzutreffen, wenngleich ungleich ausgeprägt. Die Unterschiede sind häufig nur am äußeren Erscheinungsbild auszumachen, nicht aber in ihrer inneren Struktur. So ist bspw. der Besuch eines Spielcasinos, im Gegensatz zur Spielhalle, mit Bekleidungsvorschriften und Einlasskontrolle verbunden. Historisch begründet waren diese distinktiven Hürden, damit die gehobenen Schichten unter sich bleiben konnten.[48]

---

[46] Das ursprünglich für Kinder ab einem Alter von 6 Jahren konzipierte Animationsspiel „Fishdom" wurde im sozialen Umfeld eines der Autoren von (weiblichen) Personen fortgeschrittenen Alters in einem Zeitraum von drei Jahren, also über die Coronazeit hinaus, mehr als 20.000 mal gespielt (sichtbar über eine Anzeige der „Teammitglieder" der Spielgruppe). In den unteren Stufen dauert ein Spiel ca. 3 Minuten, so das durchschnittlich täglich eine Stunde und damit bislang über 1.000 Stunden auf das Spiel verwendet wurden. Zusätzlich zu einer nicht näher von der Person preisgegebenen Geldsumme zur „Unterstützung" der Spielfähigkeit.

[47] Zu den adrenalinbezogenen Praktiken ist anzuführen, dass gewaltbereite Hooligans zumeist aus der (gehobenen) Mittelschicht stammen. „Selbst unter den ganz Harten der Hooliganszene trifft man heute mehr Lehrer, Verwaltungsangestellte oder selbstständige Kleinunternehmer als arbeitslose Hauptschulabbrecher." (Farin 2010)

[48] Das Spielcasino in Duisburg hat die üblichen Bekleidungsvorschriften aufgehoben, u.a. um den niederländischen Shoppingtouristen ein besonderes und vor allem zugängliches Angebot zu eröffnen.

An dieser Stelle ist abschließend darauf eingehen, was denn das Problematische am „Problematischen" ist? Die Frage verweist auf gesellschaftliche Interessenlagen und damit verbundene Normen und Gesetze. Im „Ausführungsgesetz NRW Glücksspielstaatsvertrag" heißt es zu den Zielen:

„§ 1 Ziele, Glücksspiel als öffentliche Aufgabe. (1) Ziele des Gesetzes sind gleichrangig 1. das Entstehen von Glücksspielsucht und Wettsucht zu verhindern und die Voraussetzungen für eine wirksame Spielsuchtbekämpfung zu schaffen, 2. durch ein begrenztes, eine geeignete Alternative zum nicht erlaubten Glücksspiel darstellendes Glücksspielangebot den natürlichen Spieltrieb der Bevölkerung in geordnete und überwachte Bahnen zu lenken sowie der Entwicklung und Ausbreitung von unerlaubten Glücksspielen in Schwarzmärkten entgegenzuwirken, 3. den Jugend- und den Spielerschutz zu gewährleisten, 4. sicherzustellen, dass Glücksspiele ordnungsgemäß durchgeführt, die Spieler vor betrügerischen Machenschaften geschützt und die mit Glücksspielen verbundene Folge- und Begleitkriminalität einschließlich der Geldwäsche abgewehrt werden, 5. den Gefahren für die Integrität des sportlichen Wettbewerbs bei der Veranstaltung und dem Vertrieb von Sportwetten vorzubeugen sowie 6. einen sicheren und transparenten Spielbetrieb zu gewährleisten." (www.recht.nrw.de)

Die Formulierung „den natürlichen Spieltrieb der Bevölkerung in geordnete und überwachte Bahnen zu lenken", bedeutet in der gängigen Taxonomie von Abstinenz, risikoarmer Konsum, gelegentlicher Konsum, regelmäßiger Konsum, riskanter Konsum, Missbrauch, Abhängigkeit (Sucht), dass die staatliche Intervention ab einem riskanten Konsum erfolgt. Fraglich ist jedoch, ob mit den staatlichen Eingriffen, trotz Beratungs- und Therapieeinrichtungen, tatsächlich eine empathische Fürsorge für jedes einzelne betroffene Individuum verbunden ist. Wulff, ehemaliger Professor für Sozialpsychiatrie, führt dazu aus: „Die gesellschaftlichen Kontrollorgane verfolgen vor allem diejenigen Formen der Süchtigkeit, in denen sich frustrierte Autonomiebedürfnisse entladen. Die von ihnen ins Feld geführte Gesundheitsschädlichkeit der Droge spielt bei dieser Haltung nur eine randständige Rolle." (Wulff 2011, S. 94) Vielmehr ist davon auszugehen, dass die Sorge um mangelnde Ausbildungsfähigkeit, reduzierte Arbeitsfähigkeit, Erosion traditionell-familiärer Strukturen, Kosten für das öffentliche Gesundheitssystem und Beschaffungskriminalität im Vordergrund stehen, nicht aber das beschädigte Subjekt.

Die soeben angesprochenen Therapieeinrichtungen sind qua Ausbildung fokussiert auf die Änderung individuellen Verhaltens, was die Reichweite ihres Erfolgs begrenzt. „Um die für Spielsüchtige typischen verzerrten Denkmuster aufzuzeigen und zu modifizieren, ist ein spezielles Gruppentherapiekonzept erforderlich. Spielsüchtige erhalten so die Möglichkeit, sich von unrealen bzw. die Realität ständig manipulierenden Mustern zu distanzieren, und können in die reale Lebenswelt zurückfinden. Die therapeutische Herausforderung besteht insbesondere darin, Spielsüchtigen ein Setting anzubieten, in dem sie ihre Suchtentwicklung realistisch reflektieren lernen, die Funktion fantasierter Kontrollmechanismen als Kompensationsmittel für ihre erhebliche Selbstwertproblematik verstehen und Realitätsverdrängung als pseudonarzisstisches Verhaltensmuster erkennen." (Quantschnig 2012)

Die Spielabhängigen haben erhebliche individuelle Defizite, die sie erkennen und teilweise modifizieren sollen. Ferner haben sie sich von den mit ihren Handlungen verbundenen Mustern zu distanzieren. Um was im Ergebnis zu tun? Wieder „in die reale Lebenswelt zurückfinden"! Was aber, wenn diese „reale Welt" ihrerseits geprägt ist von verzerrten Denkmustern? „Aufstieg für alle, Chancengleichheit, Jeder ist seines Glückes Schmied, Leistung lohnt sich". Und wenn die „reale Welt" ferner geprägt ist durch die kompensatorische Verheißung, das „Konsum gleich Glück" bedeutet?

Die „reale Welt" gilt als gesetzt bzw. unveränderbar, so wie ist und der sich die Subjekte mit der individuellen Arbeit an sich selbst bestmöglich anzupassen haben. Genau hier liegt der zentrale Widerspruch. Suchtverhalten bleibt trotz aller „verzerrten Denkmuster" und „mangelnder Reflektion" eine subjektiv begründete Tätigkeit. An dieser Stelle wäre zu fragen, ob die MedizinerInnen und PsychologInnen auch ihren KollegInnen in Facharztausbildung so begegnen würden, oder ob eher „hinter vorgehaltener Hand" die Position vorherrscht „sehen Sie zu, dass Sie ihre Facharztausbildung ohne größere Schäden überstehen und nehmen Sie in der Zeit nicht zu viele psychoaktive Substanzen".

Als weitergehende Behandlung wird darauf hingewiesen, dass der Fokus nicht ausschließlich auf Substanzabhängigkeiten gelegt wird, sondern auch auf das Individuum. „Die Inhalte müssen sich dabei an den individuellen Bedürfnissen der einzelnen Patienten orientieren und vielfältige Wege aufzeigen, die es betroffenen Spielern ermöglichen, durch Kreativität und Fantasie eine Bedürfnisbefriedigung zu erlangen, sodass ein „In-Besitz-genommen-Sein" durch das Glücksspiel nicht mehr möglich ist." (Quantschnig 2012)

Die individualpsychologische Intervention, so differenziert sie auch sein mag, bleibt hier auf halbem Wege stecken, weil sie die „reale Lebenswelt", die über das unmittelbare individuelle Umfeld hinausgeht, als gesetzt und unveränderbar interpretiert. Was im Übrigen selbst ein „verzerrtes Denkmuster" ist, immer wieder aufs Neue restriktiven Rahmenbedingungen bloß reaktiv zu begegnen.

Die deutsche Gesellschaft für Soziale Arbeit in der Suchthilfe (DGSAS) kritisiert inzwischen, dass bereits als sinnvoll erkannte Maßstäbe allmählich preisgegeben werden und eine Reduktion Sozialer Arbeit stattfindet. „Zugleich lässt sich feststellen, dass Soziale Arbeit bezogen auf ihre Zuständigkeit und Bedeutung in der Suchtrehabilitation zunehmend von einer maßgeblichen Kraft auf eine vernachlässigbare Größe reduziert zu werden scheint." (Schulte-Derne et al. 2017[49])

Ohne gemeinsam die subjektiven Begründungen zu erfassen, warum dem Verhältnis zur „realen Welt" so und nicht anders zu begegnen sei, werden die Subjekte, wie bereits erwähnt, als determiniert aufgefasst, die bspw. dem „Akteur" „Spiel"automat ausgeliefert sind. Ein erneuter Rückfall in die Abhängigkeit kann demnach nur als individuelles Versagen interpretiert werden, nicht jedoch als wiederholte subjektive Begründung, der „realen Lebenswelt" gegenüber. Den Betroffenen hat es dann an Kreativität, Fantasie, Reflexion und Resilienz gemangelt.

Empirische Ergebnisse zu festen Partnerschaften und Erwerbstätigkeiten sind nicht kausal als förderlich zu interpretieren, da sie unter Umständen genau „das" Problematische und Belastende sein können. Aus sozialwissenschaftlicher Perspektive wären demzufolge Möglichkeiten mit den Betroffenen gemeinsam zu entwickeln, wie mit zunehmender Handlungsfähigkeit und sozial-kooperativer Unterstützung im jeweiligen Alltags- und Arbeitsumfeld die Restriktionen der „realen Lebenswelt" verändert werden können. Damit wäre der vermeintlichen Alternative restriktiven Glücks- und Wettspiels auch der Begründungszusammenhang entzogen.

---

[49] Siehe dazu auch den Beitrag von Sommerfeld 2021.

5 „Von der Geldwäsche bis zum Raubüberfall" Stereotyp oder Befund?

Exemplarisch für die Funktionsträger der Automatenbranche moniert der Schlichter des Fachverbandes für Spielhallen und Mitglied des Bayerischen Automatenverbandes, Mark Hinterholzinger, die aus seiner Perspektive negativ geprägte Sicht auf „seine" Branche mit kraftvollen Worten. „Die Darstellung der Automatenbranche in der Medienlandschaft der Bundesrepublik Deutschland ist überwiegend negativ. ... Immer noch wird die Automatenbranche mit Vorwürfen konfrontiert, die an billige Gangsterfilme aus den 30er Jahren erinnern. Es findet angeblich Geldwäsche statt, illegales Glückspiel und aus einer normal betriebenen Spielhalle wird im Volksmund das Klischee einer Spielhölle geprägt." (www.fachverband-spielhallen.de)
Die Branche erhält bezüglich des Vorwurfs der Geldwäsche inzwischen Unterstützung aus der Wissenschaft. In seiner Dissertation am Lehrstuhl für Öffentliches Recht, insbesondere Verwaltungsrecht an der Uni Bochum ist Johannes Güldner u.a. dieser Frage nachgegangen. Güldner analysierte, welche Glücksspiel- und Wettbetriebe sich für Geldwäsche tatsächlich eignen (können) und welche lediglich vorurteilsbeladen sind. Darüber hinaus sind auch Spieler, unabhängig von den Betreibern, für Geldwäsche in Betracht zu ziehen. Für den Bereich der Spielbanken hält Güldner Geldwäsche für sehr unwahrscheinlich. „Theoretisch denkbar wäre es, dass ein Spieler sein illegal erlangtes Geld in Jetons umtauscht, um eine kleine Summe spielt und die Jetons dann wieder in sauberes Geld zurücktauscht." (Weiler; www.news.rub.de 2017) Da aber keine Quittungen ausgestellt werden, eignet sich dieser Bereich für Betreiber ebenso wenig wie für Spieler und auch nicht für Spieler in Spielhallen. Für die Betreiber von Spielhallen kommt Güldner

allerdings zu einem anderen Fazit, in dem zumindest die Möglichkeit der Geldwäsche eingeräumt wird. „Hier könnte es sich lohnen, die Antragsverfahren zu überarbeiten, also genauer zu schauen, wo die Gelder für die Gründung herkommen, um Betreibergeldwäsche mithilfe von Spielhallen einen Riegel vorzuschieben." (Weiler; www.news.rub.de 2017)

Quittungen werden allerdings bei Sportwetten ausgestellt und diesen Bereich schätzt Güldner am anfälligsten für Geldwäsche ein. „Bei einer Fußballbegegnung kann man auf drei Fälle setzen: Einen Sieg der Heimmannschaft, einen Sieg der Auswärtsmannschaft oder ein Unentschieden. ... Man kann jeweils einen Teil seines Geldes bei drei verschiedenen Wettbüros einsetzen und bei jedem auf einen anderen Ausgang tippen." (Weiler; www.news.rub.de 2017) Mit Hilfe mathematischer Verfahren können so ohne nennenswertes Risiko ca. 90 % „sauber" wieder ausgezahlt werden.

Demnach wäre innerhalb des Kreises Borken der Aufwand in Gronau am geringsten, da dort drei Wettbüros existieren. Allerdings bestehen keine weiteren Ausweichmöglichkeiten innerhalb der Stadt, so dass auf Dauer die Gefahr der Identifizierung als zu hoch eingeschätzt werden könnte. Insofern dürften für das Thema der Geldwäsche eher die Großstädte mit ihren zahlreichen Wettbüros in Frage kommen. Wer Geld „waschen" will, nimmt auch 50 km Fahrtstrecke in Kauf, um in die großen Ruhrgebietsstädte zu gelangen.

Eine weitere Ausprägung der Kriminalität, die über Betreiber und SpielerInnen bzw. Wettende hinausgeht, sind Manipulationen der Akteure des Sportspiels oder des Pferderennens. In Paragraf 265c des Strafgesetzbuches heißt es u.a. zum Sportwettbetrug: „Bestraft wird, wer als Sportler, Trainer oder Schiedsrichter einen Vorteil fordert, annimmt oder sich verpsrechen lässt, um den Verlauf oder das Ergebnis eines

Wettbewerbs des organisierten Sports zu beeinflussen. Ziel ist dabei, dass ein rechtswidriger Vermögensvorteil durch eine öffentliche Sportwette erlangt wird."

Aus der historisch jüngeren Vergangenheit sind die Wettskandale aus den 1960er Jahren England (Sheffield Wednesday 1964) sowie der Bundesligaskandal der Saison 1970/71 mit 18 manipulierten Spielen (Arminia Bielefeld und Kickers Offenbach) als prominente Beispiele anzuführen. In diesem Kontext kann es auch nicht verwundern, dass Schiedsrichter an Spielmanipulationen beteiligt waren. Exemplarisch ist aus dem Jahr 2005 auf die damaligen Spielmanipulationen durch Robert Hoyzer hinzuweisen. Diese vereinzelten Beispiele sind allerdings nur die identifizierten und zur Anzeige gebrachten Manipulationen. Bevor der Eindruck zu ausschließlich individualisierten Aktivitäten entsteht, ist für ein komplettierendes Bild auf systematische Spielmanipulationen im Kontext organisierter Bandenkriminalität hinzuweisen. Die Identifizierung von Spielmanipulationen wird jedoch dadurch erschwert, dass es nicht mehr ausschließlich um verschobene Spiele mit dem Fokus auf „gewonnen – verloren" geht. Die Ausdifferenzierung der Wetten auf Einzelereignisse, die in ihrer Fülle und Bedeutung nur noch absurd erscheinen, weil sie sich vom sportkulturellen Bezug immer weiter entfernen, ermöglichen Wetten auf kleinteilige Aktionen („Gelbe Karte in den ersten 30 Minuten") weit unterhalb des Spielergebnisses.[50] Mit diesen Mikroereignissen

---

[50] Die Internetplattform www.betrugstest.com hat sich auf die Aufdeckung und Analyse von Betrugsmaschen im Internet spezialisiert. Zu einer Auflistung der skurrilsten Wetten gehörten u.a. „Englischer Spieler weint bei der WM 2010: Eine Wette darauf, dass ein englischer Spieler bei der WM 2010 in Tränen ausbricht, inspiriert von Paul Gascoigne, der 1990 geweint hatte. Ungewöhnliche Wette zur WM 2010: Eine Wette mit der Quote 1:2.000, dass Deutschland Italien im Finale schlagen würde und der Papst „We are the Champions" singen würde."

eröffnen sich vermehrt Möglichkeiten zu weitaus weniger auffälligen Wettmanipulationen, die nicht aufgedeckt werden (können). Insofern erscheinen die Ausmaße an Sportwettbetrügen nach § 265 StGB gering und müssen über die nächsten Jahre (im doppelten Wortsinn) weiterverfolgt werden. Der Anstieg der Manipulationen von 2022 auf 2023 lässt sich noch nicht als beständige Entwicklung interpretieren und kann sich evtl. auf dem Niveau auch als ein singuläres Ereignis erweisen.

Grafik 11: Sportwettbetrug und Manipulation von berufssportlichen Wettbewerben § 265 StGB

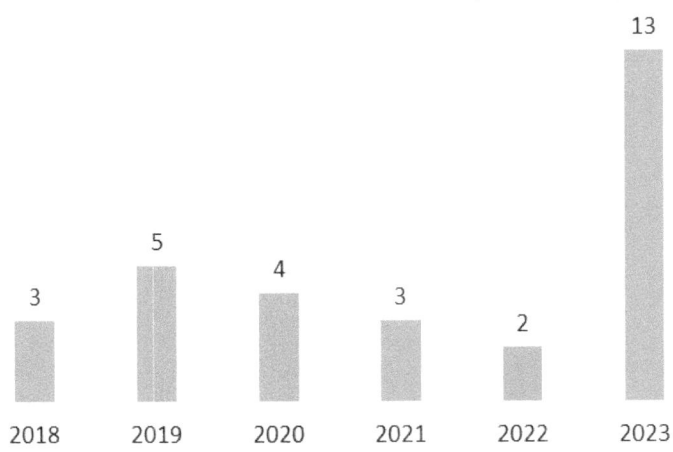

Quelle: Polizeiliche Kriminalstatistik (PKS) 2023, 2024; eigene Darstellung

Vertreter der Internetplattform Gamblebase.com befragten 2.500 PolitikerInnen zu den Zielen des aktuellen Glücksspielstaatsvertrags „Vermeidung und Bekämpfung der Glücks-

---

(Vollmer 2024) Mindestens dem Stellvertreter Gottes auf Erden sollte in dieser Hinsicht keine manipulative Absicht unterstellt werden.

spielsucht, die Kanalisierung in einen legalen Markt sowie die Bekämpfung des Schwarzmarkts" (www.gamblebase.com). Nahezu alle PolitikerInnen zeigten sich parteienübergreifend unzufrieden mit der Umsetzung des Glücksspielstaatsvertrags und wiesen u.a. auf die Notwendigkeit einer Novellierung hin. Der aktuell zu beobachtende Anstieg der Verstöße gegen die Glücksspiel-Paragrafen 284, 285, 287 des Strafgesetzbuches von 2022 auf 2023 gibt tatsächlich Anlass zur Besorgnis. Im Einzelnen handelt es sich um folgende Verstöße: „Unerlaubte Veranstaltung eines Glücksspiels ohne behördliche Erlaubnis; öffentlich ein Glücksspiel veranstalten. Werbung für öffentliche Glücksspiele ohne Erlaubnis." (§ 284) „Die Teilnahme an einem öffentlichen, unerlaubten Glücksspiel." (§ 285) „Das unerlaubte Veranstalten öffentlicher Lotterien oder Ausspielungen sowie das Anbieten oder Annehmen von Spielverträgen." (§ 287).

Grafik 12: Verstöße im Kontext von Glücksspielen nach §§ 284, 285, 287 StGB

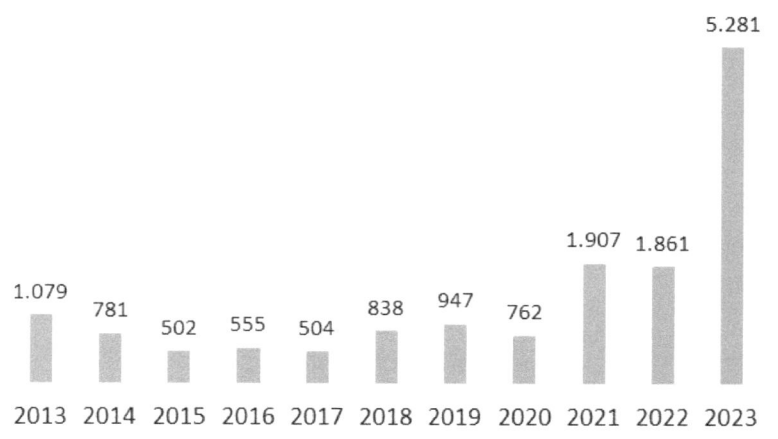

Quelle: Polizeiliche Kriminalstatistik 2023, 2024; eigene Darstellung

Um eine Bewertung des Anstiegs abgeben zu können, wäre jeder Einzelfall in seiner Entstehung zu prüfen. An dieser Stelle können die möglichen Begründungen aufgeführt werden, nicht aber ihre empirische Verbreitung. Möglich ist eine reale Zunahme des illegalen Glücksspiels, die auf allgemeine gesellschaftliche und wirtschaftliche Bedingungen zurückzuführen ist und keinen Bezug zum legalen Angebot aufweist. Ferner können eine jüngst initiierte Intensivierung der Kontrollen zu einer erhöhten Aufklärungsrate geführt haben. In diesem Zusammenhang sind auch verbesserte Ermittlungsmethoden ein möglicher Grund. Die mediale Berichterstattung und kritische Diskussion stehen darüber hinaus in einem direkten Verhältnis zu erhöhtem Bewusstsein und erhöhter Aufmerksamkeit in der Bevölkerung. Insofern wären auch mehr Anzeigen und Meldungen zu illegalem Glücksspiel begründbar.

Die Glücksspiel- und Wettindustrie für stationäre Angebote argumentiert hauptsächlich mit den für sie restriktiven gesetzlichen Änderungen und der damit verbundenen Verschiebung zum Online-Glücksspiel, wo die Bedingungen für illegale Angebote einfacher zu realisieren seien. Da aber bereits die Teilnahme an einem öffentlichen, unerlaubten Glücksspiel nach § 285 StGB verboten ist, dürfte fraglich sein, ob der übergroßen Mehrheit der Glücksspieler und Wettenden unterstellt werden kann, sie würde aufgrund der Unattraktivität des stationären Angebots nicht nur in den Online-Bereich wechseln, sondern gleichzeitig noch in die Illegalität.

Auffallend ist bei einem Teil der befragten PolitikerInnen, wie sie bewusst oder unbewusst die aus dem Marketing bekannte Decoy-Strategie der Glücksspielbranche übernehmen.[51] Die

---

[51] Als VerbraucherInnen sind wir bereits alle (!) und zwar mehrmals auf die Decoy-Strategie hereingefallen. (z.B. Online-Zugang 50 € pro Jahr; Print-Version 100 € pro Jahr; Online + Print: 110 € pro Jahr;

drei Optionen sind „nicht Glücksspielen und Wetten", „legal Glücksspielen und Wetten" und „illegal Glücksspielen und Wetten". Mit dem „Köder" durch „attraktives" (d.h. für die Branche weniger reguliertes!) legales Glücksspiel und Wetten kann das illegale Angebot bekämpft werden. Dadurch tritt die politische Abkehr von kommerziellen Glücksspielen und Wetten als dritte Möglichkeit in den Hintergrund. Die Branche argumentiert vehement gegen illegale Angebote und positioniert sich in der medialen Öffentlichkeit und gegenüber politischen Akteuren als verantwortungsbewusster Akteur mit den Aussagen: Schutz der Spieler, regulierte und überwachte Umgebung, Steuereinnahmen als Beitrag zum Gemeinwohl. Die subtile Wirkung dieser Argumentation soll von den negativen Aspekten des legalen Glücksspiels ablenken. Im kontrastiven Vergleich zum illegalen Angebot werden dadurch die inhärenten Risiken des legalen Angebots verharmlost.

Wie hoch die Anzahl der „Spiel- und Wettabhängigen" ist, kann nicht zweifelsfrei geklärt werden und daher auch nicht, wie hoch der Anteil derjenigen ist, die wegen ihrer Abhängigkeit in derart prekäre finanzielle Situation gelangt sind, dass sich ein Teil dazu entschließt, auf illegalem Wege Geld zu beschaffen. Das stereotype Bild zeichnet einen „heruntergekommenen" jungen Mann (!), der nachts in Kioske einbricht, Bargeld und womöglich auch noch die von Sebastian Schweinsteiger beworbenen Mini-Salamis entwendet. Gleichermaßen ist Beschaffungskriminalität (Gewaltdelikte, Einbruch/Diebstahl, Betrug) durch Mittelschichtsangehörige über die erhöhte Spesenabrechnung gegenüber dem Arbeitgeber, die überhöhte Handwerker-

---

Kaffeebecher: klein 2 €, mittel 4 €, groß 4,50 €, TV-Geräte: klein 269 €, mittel 369 €, groß 799 € (hier erscheint die mittlere Variante als Köder attraktiv, wenn sie bspw. als Ladenhüter abverkauft werden soll).

rechnung oder Steuerbetrug in Bargeldbranchen und Freien Berufen möglich. Die Dimension des gesamten Steuerbetrugs beläuft sich insgesamt auf ca. 16 Mrd. €.[52] Damit wird bereits deutlich, dass Beschaffungskriminalität als Teil des Steuerbetrugs kein Spezifikum von Spiel- und Wettabhängigen und Angehörigen der ökonomischen Unterschicht ist. Darüber hinaus ist anzumerken, dass „bei 15,8 Prozent der pathologischen Spieler ... die Verschuldung mehr als 25.000 Euro" beträgt. (DHS 2018) Insofern erweist sich in dieser Lebenslagesituation Beschaffungskriminalität als eine von mehreren naheliegenden Möglichkeiten und damit als subjektiv begründet.

Feltes (2011) beschäftigte sich mit dem Zusammenhang zwischen Spielhallen und Kriminalität. Von besonderem Interesse war für ihn die Frage „ob Spielhallen Kriminalität hervorrufen, sie anziehen oder zumindest verstärken". Der von ihm dargelegte Befund liest sich eindeutig: „Insgesamt kann aus dem kriminologisch gut belegten Zusammenhang zwischen Drogenabhängigkeit und Kriminalität der Schluss gezogen werden, dass es auch einen Zusammenhang zwischen Spielsucht und Kriminalität gibt bzw. geben muss. Dafür spricht auch die hohe Verschuldung im Rahmen von Glücksspielsucht, wenn die Verluste 300.- bis 400.- Euro pro Tag erreichen können. Mit dem verfügbaren Einkommen jedenfalls ist ein exzessives Glücksspielverhalten auf die Dauer nicht finanzierbar."

Der seit 2013 deutliche Rückgang der Spielhallenüberfälle ist maßgeblich auf räumliche und technische Maßnahmen zur Sicherheit zurückzuführen. Die Spielhallen wurden so konzipiert, dass ein unkontrolliertes Betreten und Verlassen nicht mehr möglich ist. Dazu wurden separate alarmempfangene Stellen platziert und Bargeldbestände, soweit überhaupt noch

---

[52] Aktuelle Aussage des Bundesvorsitzenden der Deutschen Steuer-Gewerkschaft (DSTG) Florian Köbler.

vorhanden, gesichert. Spielhallen sind inzwischen an Überfall-meldeanlagen angeschlossen und verfügen über Videoüberwachungssysteme. Die Betreiber sind sukzessive zu so genannten "bargeldlosen" Spielhallen mit Geldwechsel-Automaten und Spielgeräten übergangen, die auch aufbruchhemmende Zeitverschlussbehältnisse verfügen. Damit reduziert sich das Chance-Risiko-Verhältnis für potentielle Täter in Spielhallen deutlich zu ihren Ungunsten.

Grafik 13: Anzahl der polizeilich erfassten Raubüberfälle auf Spielhallen in Deutschland von 2013 bis 2023

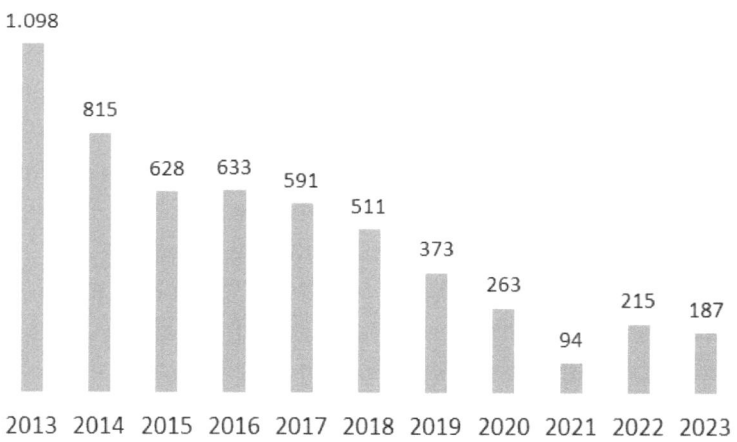

Quelle: Polizeiliche Kriminalstatistik 2023, 2024; eigene Darstellung

Beschaffungskriminalität wird durch diese Maßnahmen nicht reduziert, sondern verlagert sich auf andere Bereiche. Aus Sicht der TäterInnen lässt sich, im Vergleich zu Spielhallen, ein Tankstellenüberfall einfacher realisieren. Zumindest liegen die Delikte von 2013 mit 682 Überfällen und 2023 mit 678 Überfällen auf gleich ausgeprägtem Niveau. Deutlich angestiegen sind in der Zwischenzeit Sprengungen von Geldautomaten von 2013

134

mit 89 Fällen auf 2023 mit 461 Fällen. Allerdings sind dafür eine weitaus höhere Logistik, Tatwerkzeuge und mindestens zwei Personen notwendig.

So bleibt die Erkenntnis, dass die Wahrscheinlichkeit als Anwohner im unmittelbaren Nahbereich Zeuge oder indirekt Betroffener eines Spielhallenüberfalls zu werden, statistisch betrachtet deutlich geringer ausfällt, als neben einer Tankstelle mit benachbartem Bank-Geldautomaten zu wohnen.[53] Dennoch bleibt die ablehnende Haltung von BewohnerInnen, Politik und Verwaltung zur Standortplatzierung von Spielhallen und Wettbüros bestehen: „Not in my backyard!"

---

[53] Aussagen zum Anstieg der Diebstähle von und aus Spielautomaten, sowie zu Fällen von Raub und räuberischer Erpressung sind aufgrund des nur begrenzt aussagefähigen Datenmaterials an dieser Stelle nicht möglich.

6 „Die Städte reagieren"
mit Vergnügungsstättenkonzepten

Mit dem Aufkommen von Spielhallen Mitte der 1970er Jahre sahen sich die Kommunen mit einer raschen Verbreitung konfrontiert. In den 1980er Jahren setzten daher intensive Diskussionen über den Umgang mit diesem für sie neuen Phänomen ein und einer planungsrechtlich abgesicherten Steuerung bzw. Begrenzung. Notwendig wurden diese Überlegungen aufgrund von Verdichtungen, Trickle-down-Effekten, Anwohnerbeschwerden sowie einem sich parallel entwickelnden Angebot zwischen Grauzone und Illegalität.

Auf überregionaler Ebene wurden bereits 1960 in der Gewerbeordnung Regelungen zu Spielhallen und Geldspielgeräten getroffen. Eine intensivere Auseinandersetzung, die in bundesweite gesetzliche Regelungen mündete, begann Anfang der 2000er Jahre. Die inhaltlichen Kernelemente bezogen sich dabei auf die Lenkung der legalen Angebote, Verbot illegaler Angebote, Verhinderung von entstehenden Abhängigkeiten, Gewährleistung eines ordnungsgemäßen Ablaufs sowie die steuerliche Verwendung für öffentliche oder steuerbegünstigter Zwecke. (siehe dazu Haucap, 2021, S. 7).

Im Rahmen des kommunalen Selbstverwaltungsrechts bestimmen die Kommunen über die bauliche und sonstige Nutzung ihres Gemeindegebiets eigenverantwortlich. Inwieweit Spielhallen und Wettbüros in planerische Leitlinien aufgenommen werden, hängt vor allem von der Anzahl der Betriebe ab. Bei zwei oder drei Spielhallen ist nicht davon auszugehen, dass es einen besonderen Bedarf gibt, bspw. ein gesondertes Vergnügungsstättenkonzept zu erstellen und im Rat zur Abstimmung zu stellen.

Tabelle 9: Gesetzliche Regelungen zu Glücksspielen und Sportwetten

1960	Gewerbeordnung: Regelungen zu Spielhallen und Geldspielgeräten
2004	Lotteriestaatsvertrag: Vereinheitlichung des Lotteriewesens
2006	Fünfte Novelle der Spielverordnung: Aktualisierung der Regelungen für Geldspielgeräte
2008	Erster Glücksspielstaatsvertrag: Einführung des staatlichen Glücksspielmonopols
2012	Erster Glücksspieländerungsstaatsvertrag: Teilweise Öffnung des Sportwettenmarktes
2020	Dritter Glücksspieländerungsstaatsvertrag: Aufhebung der Obergrenze für Sportwett-Konzessionen
2021	Glücksspielstaatsvertrag: Neuregulierung des Glücksspielwesens, Einführung von Online-Glücksspielen

Quelle: in Anlehnung an Haucap 2021, dort detaillierter

Allerdings bezieht sich der Begriff „Vergnügungsstätte" auch auf Billardcafés, Bowlingcenter, Diskotheken, Festhallen, Multiplexkinos, Nachtlokale jeglicher Art, Sexshops mit Videokabinen, Spiel- und Automatenhallen, Swinger-Clubs, Varietés und Tanzbars sowie Wettbüros.
Ende der 1980er entstanden auf kommunaler Ebene systematisch erste Vergnügungsstättenkonzepte in den Großstädten. In Bocholt wurde erstmals ein Konzept in Auftrag gegeben und von „Acocella Stadt- und Regionalentwicklung" 2011 umgesetzt. Eine Überarbeitung fand 2020 statt. Die Stadt Gronau sah 2015 ebenfalls einen Bedarf für ein Vergnügungsstättenkonzept, auf dessen Basis die weiteren Ratsentscheidungen gefällt wurden.

Die üblichen Bestandteile derartiger Konzepte beziehen sich auf die Klärung von Definitionsfragen und der Darstellung des aktuellen rechtlichen Rahmens. Des Weiteren wird auf die baurechtliche Zulässigkeit von Vergnügungsstätten eingegangen. In diesem Kontext werden üblicherweise Strategien zur räumlichen Steuerung vorgestellt, die sich aus dem Planungsrecht ableiten lassen.

Einen umfangreichen Teil eines Vergnügungsstättenkonzeptes nimmt die so genannte Funktions- und Standortanalyse ein. Dazu ist der Gang „ins Feld" notwendig, um alle relevanten Betriebe zu erfassen. Auf dieser Grundlage wird die räumliche Verteilung sichtbar gemacht und anhand vorab definierter Kriterien einer Analyse unterzogen. Aus der Analyse lassen sich Empfehlungen zur weiteren Planung und Steuerung für zukünftige Spielhallen und Wettbüros ableiten.

Juristisch schlecht beraten war die Stadt Ahaus, neben zahlreichen weiteren Kommunen außerhalb des Kreises Borken, die als so genannte „örtliche Aufwandssteuer" 2019 eine „Wettbürosteuer" einführte, um mit dieser Hürde weitere Ansiedlungen zu verhindern. Die Wettbürobetreiber legten gegen diese zusätzliche und aus ihrer Sicht nicht begründbare Steuer Widerspruch und Klage ein.

Das Bundesverwaltungsgericht entschied 2022, dass die kommunale Steuer gleichartig zur Besteuerung durch das Lotteriegesetz zu bewerten sei und daher eine unzulässige Doppelbesteuerung darstelle. Die betroffenen Kommunen mussten daraufhin rückwirkend die erhobenen Beträge zurückzahlen. Für die Stadt Ahaus bedeutete das einen Betrag von 110.000 € (siehe dazu auch Preuß 2023).

7 Spielhallen und Wettbüros im Kreis Borken

Die Fallstudie zu Spielhallen und Wettbüros im Kreis Borken konzentriert sich auf die sechs größten Städte Ahaus, Bocholt, Borken, Gronau, Stadtlohn und Vreden. Alle nachfolgenden Kommunen wurden aus Kapazitätsgründen und aufgrund der niedrigen Anzahl an Stätten nicht miteinbezogen.

Wie bereits erwähnt, begründet sich die Orientierung auf Kommunen aus dem Kreis Borken nicht etwa, weil eine besondere Spezifik zu erwarten wäre, sondern aus der geografischen Lage der Westfälischen Hochschule am Standort Bocholt.

Insgesamt konnten 30 Spielhallen und 8 Wettbüros identifiziert werden, wobei bei zwei Spielhallen der Betrieb fraglich erscheint. Sie wurden dennoch mitaufgenommen, weil sie nach wie vor Einfluss auf das Erscheinungsbild in den Kommunen haben.

Die Begehung der einzelnen Spielhallen und Wettbüros erfolgte nicht von innen, da dort Fotos kaum möglich gewesen wären. Von Interesse waren daher das äußere Erscheinungsbild und die Lage.

Spielhalle I Ahaus, Heeker Straße

Die Spielhalle befindet sich in einem gewerblich geprägten, stark befahrenen Gebiet neben einem Autohaus. Rückseitig grenzt die Spielhalle an ein Wohngebiet, welches über einen an der rechten Seite der Spielhalle gelegenen Fußweg erreicht werden kann. Das äußere Erscheinungsbild wirkt sehr modern und aufgeräumt. Die farblich in zurückhaltendem Grau gehaltenen Außenwände werden ergänzt durch einige rote und blaue Akzente. Als Werbeträger dienen, in doppelter Ausführung, der großflächig angebrachte, in Weiß gehaltene Schriftzug des Unternehmens sowie die darunter angebrachte kleinformatige Etikettierung „Spielhalle" an der Front des Gebäudes.

Foto: Pascal Thurm

Zusätzlich befinden sich vier, das Gebäude überragende und schon von weitem sichtbare Fahnen mit gleichem weißem Schriftzug auf blauem Stoff vor dem Gebäude. Sowohl die Grünanlagen vor der Spielhalle als auch der Parkplatz an der linken Seite, welcher durch einen Sichtschutz nach links angegrenzt ist, präsentieren sich in einem sauberen und gepflegten Zustand.

Spielhalle II Ahaus, Heeker Straße

Das als „Spielstation" ausgewiesene Gebäude befindet sich lediglich ca. 350 Meter entfernt von der zuvor beschriebenen Spielhalle auf derselben Straße, jedoch auf der anderen Straßenseite. In unmittelbarer Nachbarschaft zur „Spielstation" sind ein Handel für Autozubehör, ein PKW-Händler, eine Autowäsche und etwas weiter entfernt, ein Autohaus sowie ein Fast-Food-„Restaurant" angesiedelt.

Das äußere Erscheinungsbild der Spielhalle ist ebenfalls dezent in grau gehalten. Lediglich der Eingang ist abgesetzt in gelber Farbe, entsprechend dem Logo der Spielhallen-Marke. An der rechten Seite des Gebäudes befindet sich ein Schaufenster, welches jedoch durch innenliegenden Sichtschutz keinen Blick in das Innere zulässt. Zudem hat das Gebäude an der rechten Seite einen zusätzlichen Eingang. Die Spielstation grenzt rechts, durch eine Mauer getrennt, an ein Wohnhaus an, welches jedoch ebenfalls gewerblich genutzt wird. Die Außenanlagen sind größtenteils gepflegt, lediglich an der auf dem Bild sichtbaren Hecke fanden sich vermehrt Abfälle, die allerdings typischerweise auf das Fast-Food-„Restaurant" zurückzuführen sind.

Foto: Pascal Thurm

Spielhalle Ahaus, Bahnhofstraße

Die Spielhalle an der Bahnhofstrasse befindet sich im Stadtkern von Ahaus, an einer sehr stark frequentierten Straße zwischen zwei Restaurants. Umliegend sind die üblichen Geschäfte einer Innenstadt angesiedelt, darunter auch eine Eisdiele, ein Friseur und ein Supermarkt. Das Erscheinungsbild fügt sich weitgehend in das Bild der umliegenden Lokalitäten ein, sticht jedoch etwas durch die großen Leuchttafeln an der Gebäudewand mit den Schriftzügen der Spielhallenkette heraus sowie einer vertikal angebrachten Leuchttafel mit der Bezeichnung „Spielhalle", die bis zur zweiten Etage des Wohnhauses reicht und direkt an die Fenster der obenliegenden Wohnungen angrenzt. Die Front der Spielhalle erhält durch die großen Schaufenster, welche mit

Grünpflanzen und Dekor versehen sind, einen offenen Charakter. Der Blick nach innen wird jedoch durch die innenliegenden Lamellenvorhänge zum größten Teil eingeschränkt. Eigene Parkmöglichkeiten sind offensichtlich nicht vorhanden.

Foto: Pascal Thurm

Spielhalle Ahaus, Stadtlohner Straße

Die Spielhalle liegt an einer stark frequentierten Straße, welche zwei Wohngebiete teilt. In der Nähe befinden sich ein Discounter und weitere gewerbliche Betriebe. Direkt angrenzend finden sich ein kleiner Autohandel und eine Bankfiliale. Das Gebäude ist, wie auch die anderen Spielhallen desselben Anbieters, im dafür typischen Grau gehalten, welches jedoch außen bereits mit etwas Grünbelag befallen ist.

Als Außenwerbung dienen die großformatige Leuchtschrift an der Front und linken Seite des Gebäudes mit dem Anbieternamen und darunter dem kleinformatigen Hinweis „Spielhalle".

Foto: Pascal Thurm

Auch hier sind, gemäß dem einheitlichen Erscheinungsbild mit Wiedererkennungswert, mehrere Fahnen mit Schriftzug auf blauem Stoff angebracht. Ergänzend sind die Umzäunungen und das Rolltor, welches den an der linken Gebäudeseite liegenden Parkplatz sichert, mit optisch gleichgehaltenen Werbebannern versehen. Der Parkplatz und die Außen- und Grünanlagen wirken auch hier wieder sehr ordentlich und gepflegt.

Spielhalle Ahaus, Wüllener Straße

Die Spielhalle liegt an der äußeren Ecke eines Wohngebietes, direkt angrenzend an einer sehr stark befahrenen Kreuzung mit umliegend gewerblichen Betrieben. In der Nähe finden sich unter anderem ein PKW-Autohaus, ein Supermarkt, eine Tankstelle, ein Restaurant und diverse andere Betriebe. Die Spielhalle ist verglichen mit dem Pendant an der Heeker Straße um einiges größer und wirkt moderner.

Foto: Pascal Thurm

Das Gebäude ist ebenfalls großteilig in Grau gehalten und wird durch das gelbe Logo und gelbe Farbstreifen am oberen Rand farblich markiert. Auch bei dieser Spielstation finden sich einige Schaufenster, welche ebenfalls durch die Dekoration im Innenbereich keinen Blick in die Spielhalle ermöglichen. Die Glastüren des Eingangs sind ebenfalls blickdicht gestaltet. An der Fassade finden sich mehrere Werbetafeln und das spezifische Logo der Spielhalle. Zudem dienen auch hier Fahnen und eine große, weithin sichtbare Werbesäule mit dem Schriftzug „Spielhalle" als Werbeträger. Der Parkplatz liegt etwas verdeckt, links und hinter der Spielhalle. Der Blick ist vom Kreuzungsbereich aus in Blickrichtung auf die Spielhalle durch eine Hecke eingeschränkt. Der Außenbereich und die angrenzenden Grünanlagen sind ebenfalls sauber und wirken gepflegt.

Wettbüro Ahaus, Coesfelder Straße

Das einzige Wettbüro der Stadt Ahaus liegt unmittelbar an einem der Zugänge zur Innenstadt in einem historisch anmutenden Gebäude. Die am Wettbüro liegende Straßenkreuzung wird aktuell (Stand Januar 2025) erneuert und mit einem großen Kreisverkehr versehen.

Foto: Pascal Thurm

Die beiden benachbarten Ladenlokale links und rechts des Wettbüros weisen einen Leerstand auf. In unmittelbarer Nähe finden sich ein Restaurant, ein Supermarkt, sowie ein Kaufhaus. Die Außenwerbung mit den auf beiden Seiten des Gebäudes angebrachten Leuchttafeln des Anbieters wirken dezent und die teilflächige Schaufenster Beklebung wirkt zurückhaltend und damit wenig aufdringlich.

Spielhalle Bocholt, Dingdenerstraße

Das Gebäude der Spielhalle ist dunkel gehalten, fällt allerdings durch rote Elemente sowie blau beleuchtete, blickdichte Schaufenster auf. Geworben wird mit dem beleuchteten Schriftzug des Namens am oberen Gebäudeteil sowie an den Fahnenmasten. Insgesamt fügt sich die Ausstrahlung des Gebäudes unauffällig in das Gesamtbild der gewerblich geprägten, stark befahrenen Umgebung ein.

Foto: Nico da Cruz

Spielhalle Bocholt, Ebertstraße

Foto: Nico da Cruz

Die Spielhalle fügt sich bis auf eine große Werbetafel am oberen Gebäudeteil unauffällig und zurückliegend in den Komplex ein. Die blickdichten Fenster fügen sich farblich ebenfalls in die Struktur des Gebäudes ein. Am direkt an das Grundstück grenzende Quartier wurde kürzlich eine aufwendige Sanierung vorgenommen, die noch weiter fortgeführt wird.

Spielhalle Bocholt, Europaplatz

Die Spielhalle fällt durch aggressive Außenwerbung auf, die mit grellen Farben und Beleuchtungen aufdringlich wirkt und sich kaum in das Straßenbild zu integrieren versucht. Dieser Eindruck wird durch die vollständig mit Werbebildern versehenen Schaufenster noch verstärkt.

Foto: Nico da Cruz

Der Standort befindet sich zwischen einem Busbahnhof und einem belebten Viertel, das u.a. von Bars, einem Wettbüro und einer Diskothek geprägt ist, was insbesondere an Wochenenden zu einer starken Besucherfrequentierung führt.

Foto: Nico da Cruz

Die Umgebung ist in der Erdgeschosszone von kleinteiligen, teils wechselnden Kleingewerben geprägt sowie von Wohnraum oberhalb der Spielhalle und Ladengeschäften.

Spielhalle Bocholt, Industriestraße

Die Spielhalle liegt an einer viel befahrenen Verbindungsstraße zwischen Innenstadt/Bahnhof und einem Gewerbegebiet sowie dem Naherholungsgebiet Aasee. Die Vergnügungsstätte befindet sich in den Räumlichkeiten eines ehemaligen Gebrauchtwagenhändlers.

Foto: Nico da Cruz

Weitgehend wurde die bereits vorhandene Leuchtreklame mit den fünf Sternen links und rechts sowie der Schriftzug Bocholt am oberen Rand des Flachgebäudes übernommen. Lediglich „Spiel" wurde neu angebracht.

Foto: Nico da Cruz

Der Versuch, sich der bestehenden Gestaltung anzupassen, ist grundsätzlich gelungen. Abweichend ist jedoch die Farbgebung, die den pragmatischen und gleichzeitig „sparsamen" Charakter verdeutlicht. Die beleuchteten Schriftzüge und Logos sind in ihrer Größe deutlich sichtbar, wirken jedoch auch aufgrund der Schwarz-Weiß-Farbgebung nicht übertrieben.
Die beklebten und verdunkelten Schaufenster im Erdgeschoss verleihen der Fassade einen eher verschlossenen, weniger einladenden Eindruck.

Spielhalle Bocholt, Langenbergstraße

Auffällig ist die Außenwerbung der Spielhalle, welche durch ihr intensives Rot und die Beleuchtung die Aufmerksamkeit auf sich zieht. Die beklebten Schaufenster im Erdgeschoss lassen das Gebäude eher geschlossen und wenig einladend wirken.

Foto: Nico da Cruz

In der direkten Umgebung gibt es im Erdgeschoss kleinere Geschäftsräume und eine Gastronomie, jedoch keine weiteren Spielhallen oder Wettbüros. Insgesamt wirkt die Spielhalle aufgrund ihrer schmalen Front nicht sonderlich aufdringlich und im Kontext zur durchgehenden Wohnbebauung nicht besonders störend.

Spielhalle Bocholt, Westend

Der Standort der Spielhalle ist durch einen vorgelagerten großen Parkplatz zurückliegend und lediglich dezent beleuchtet. Der an der Front des Gebäudes angebrachte Schriftzug des Unternehmens ist auffällig, wirkt jedoch nicht penetrant. Die Türen sind gläsern, aber intransparent gestaltet.
Die Spielhalle ist außenliegender Teil eines Gebäudekomplexes mit Gewerben und an einer Hauptverkehrsstraße gelegen. Insgesamt hat die Spielhalle in Ihrer Gebäudegestaltung Ähnlich-

keiten mit einem Baumarkt, jedoch ohne die dafür typischen auffälligen Außenutensilien.

Foto: Nico da Cruz

Wettbüro Bocholt, Dingdenerstraße

Foto: Nico da Cruz

Das Gebäude des Wettbüros im Stil eines Gartenhauses ist unauffällig und erinnert eher an einen kleinen Kiosk.

Das Wettbüro befindet sich an einer Hauptverkehrsstraße gegenüber einer Spielhalle. Die Schaufenster sind teilweise mit Werbung beklebt, wobei auf auffällig beleuchtete Werbung verzichtet wird. Ein negativer Einfluss auf das umliegende Gewerbe ist nicht wahrnehmbar.

Wettbüro Bocholt, Europaplatz

Das Wettbüro fällt durch seine Außendarstellung auf, wobei die teilweise Folierung der Schaufenster sich auf Werbung beschränkt. Die Wettannahmestelle befindet sich neben einer Studentenkneipe und gegenüber einer Spielhalle. Eine Diskothek befindet sich lediglich wenige hundert Meter entfernt.

Foto: Nico da Cruz

Das Quartier ist für Bars und Kneipen bekannt und am Wochenende sowie zu Fest-/Feiertagen stark frequentiert. Die direkte Umgebung ist geprägt von teils wechselnden Kleingewerben mit darüberliegenden dreigeschossigen Wohnebenen.

Spielhalle Borken, Siemensstraße

Die Spielhalle fällt durch das grelle Gelb auf, womit die Eigenwerbung durch die Signalfarbe sichtbar gemacht werden soll. Das Gebäude ist anthrazitfarben und trotz seiner Größe unauffällig gehalten.

Foto: Nico da Cruz

Die Spielhalle liegt abseits des Stadtgebiets an einer Hauptstraße ohne weitere dort angesiedelte Vergnügungsstätten.

Spielhalle Borken, Raesfelderstraße

Die angebrachte Spielhallenwerbung wirkt nach außen unauffällig und kann durch die vorgelagerte Außengastronomie durchaus übersehen werden.

Foto: Nico da Cruz

Die Außenwerbung beschränkt sich auf ein zugewachsenes Schild und den Schriftzug oberhalb der eingelassenen Gebäudemauer des am Stadtrand befindlichen Gebäudes, das zusätzlich ein „gut-bürgerlich" wirkendes Stadthotel beherbergt. Der unscheinbare Eingang zur Spielhalle befindet sich im Innenhof und ist von der Straßenseite nicht sichtbar.

Spielhalle Borken, Otto-Hahn-Straße

Das an einer Hauptstraße gelegene Gebäude im Borkener Gewerbegebiet fällt durch seine großen, verblichenen und aus der Zeit gefallenen Werbetafeln eher negativ auf. In vergleichbarer Weise wirken auch die beklebten Fenster.

Foto: Nico da Cruz

Obwohl das Gewerbegebiet eine typisch funktionale Ästhetik vermittelt, wirkt das Gebäude im besonderen Maße vernachlässigt und wenig einladend.

Spielhalle Borken, Nordring

Foto: Nico da Cruz

Die Außenwerbung der in einem Wohnhaus befindlichen Spielhalle ist auffällig und sticht deutlich aus der Umgebung hervor,
womit eine visuelle Unterbrechung des Straßenzugs erfolgt.
Maßgeblich wird die Aufmerksamkeit auf die Spielhalle durch
das mit dem deutlich sichtbaren Schriftzug „Spielhalle" be-
klebte Schaufenster und das darüber liegende, gleich gestaltete,
Werbebanner zwischen Erdgeschoss und 1. Etage erzeugt. Wobei die überschaubaren Außenmaße des Wohnhauses kaum
eine „Halle" erwarten lassen. Die Spielhalle liegt nahe dem Borkener Bahnhof und an einer stark frequentierten Hauptstraße
am Rande des Stadtkerns.

Spielhalle Borken, Commende

Das Erscheinungsbild der in einer Einkaufsstraße des belebten Stadtkerns gelegenen Spielhalle sticht durch einen grauen Farbton sowie dem prägnanten rot-blauen Schriftzug hervor. Die abgeklebten Schaufenster, welche sich über einige Meter erstrecken, erzeugen einen wahrnehmbaren Bruch der visuellen Wirkung der Erdgeschosszone.

Foto: Nico da Cruz

Die Aufmachung erinnert etwas an ein Ladengeschäft einer Discounter-Schuhkette oder einer Sportartikelkette, die eine vergleichbare Farbgebung benutzen. In unmittelbarer Nähe der Spielhalle befindet sich ein Wettbüro (Neutor).

Wettbüro Borken, Neutor

Die Außenwerbung des Wettbüros ist zwar beleuchtet, gleichwohl wenig aggressiv gehalten.

Foto: Nico da Cruz

Die teilweise mit Werbung beklebten Fenster fügen sich trotz der auffälligen, jedoch mäßig eingesetzten, roten Farbe in das Gesamtbild des Straßenzuges ein.
In der direkten Umgebung befindet sich eine Spielhalle (Commende) und die Lage in einer Seitenstraße des belebten Marktes sorgt für gute Erreichbarkeit. Das Gesamtbild des Wettbüros ist unauffällig und in keiner Weise dominant.

Spielhalle Gronau, Enscheder Straße

Die Spielhalle liegt an einer stark befahrenen Straße und grenzt an ein Wohngebiet. In unmittelbarer Nachbarschaft befinden sich ein Wettbüro und im näheren Umfeld einige Imbissbuden sowie eine Tankstelle. Das Eckgebäude der Spielhalle wirkt „in die Jahre gekommen" und im oberen Teil unbewohnt.

Foto: Pascal Thurm

Die markante, in vorwiegend leuchtendem Blau gehaltene Außenwerbung wirkt auffällig und steht in starkem Kontrast zum rustikalen Gebäude. Die Fenster zur Hauptstraße sind vollflächig verklebt, während die Fenster auf der Seite zum Wohngebiet mit geschlossenen Rollläden verdeckt sind. Der mit einer schwarzen Markise überdachte Eingang an der schmalen Stirnseite des Gebäudes wirkt düster und wenig einladend.

Wettbüro Gronau, Enscheder Straße

Das Wettbüro befindet sich in einem verklinkerten Flachbau direkt neben der Spielhalle und hat rechtsseitig ein Café als Nachbar.

Foto: Pascal Thurm

Als Werbeträger dienen das typische rote Leuchtschild mit der Beschriftung der Wettbürokette sowie eine dezente, die Sicht ins Innere nicht vollständig verdeckende Beklebung der Schaufenster. Offensichtlich ist das Lokal inzwischen dauerhaft geschlossen.

Spielhalle Gronau, Enscheder Straße

Das Spielcasino befindet sich ebenfalls auf der Enscheder Straße wie bereits eine weitere Spielhalle und das angrenzende Wettbüro. Allerdings ist der Standort am Stadtrand in unmittelbarer Nähe zur niederländischen Grenze. Im nahen Umfeld finden sich einige villenähnliche Einfamilienhäuser, ein Imbiss und ein Autohaus. Der Blick auf das Spielcasino und den dazugehörigen Parkplatz ist nahezu verdeckt und sorgt für ein hohes Maß an Anonymität der Besucher.

Foto: Pascal Thurm

Die Außenwerbung beschränkt sich auf ein Schild an der Einfahrt zum Parkplatz, ein Schild Richtung Straße und eine größtenteils abgerissene Fahne. Auf den Schildern findet sich aufgrund der grenzüberschreitenden Besucherstruktur der niederländische Begriff „Amusementhal" für Spielhalle. Am Gebäude selbst, über die Zäune und Hecken hinweg, ist der Schriftzug „Royal" über dem Eingang erkennbar. Der Parkplatz der

Spielhalle war zum Zeitpunkt des Fototermins mit zahlreichen PKWs aus den Niederlanden belegt.

Wettbüro Gronau, Enscheder Straße

Ebenfalls auf der Enscheder Straße, angrenzend an ein Wohngebiet, befindet sich ein Sportwettenlokal im Erdgeschoss eines Wohn- und Geschäftshauses. Die Front ist dunkel, gleichwohl modern gehalten und die Fensterfront ist passend zum Thema zu etwa einem Drittel beklebt und nicht blickdicht.

Foto: Pascal Thurm

Über dem Eingang hängt, in angemessener Größe, der Schriftzug des Anbieters. An der rechten Seite des Gebäudes, an einem Holzzaun, ist gut sichtbar der Schriftzug „Sportwetten" platziert. Der Parkplatz des Lokals ist aufgeräumt und optisch sauber gehalten.

Spielhalle Gronau, Heerweg

Die Spielhalle liegt am Rand einer sehr stark frequentierten Hauptstraße, die später in die Enscheder Straße übergeht und quer durch Gronau bis zur niederländischen Grenze führt.

Foto: Pascal Thurm

Die Spielhalle teilt sich das Gebäude mit einem Handel für Bronzeskulpturen und somit auch die Front des Gebäudes als Werbefläche. In direkter Nähe finden sich diverse Gewerbe, darunter eine Waschstraße, ein Handel für Tierzubehör, ein Baumarkt und ein Fast-Food-„Restaurant". Das Gebäude ist durch die hellgrauen Außenwände und die Spielhallen Leuchtschilder zumindest bei Tag eher unauffällig und kaum als Spielhalle wahrzunehmen. Etwas unprofessionell wirkt der provisorisch wirkende Eingangsbereich.

Spielhalle Gronau, Jöbkesweg

Diese Spielhalle liegt am Rand einer Hauptstraße, unweit einer Spielhalle desselben Betreibers auf der gegenüberliegenden Straßenseite. Auch dieses Gebäude teilt sich die Spielhalle mit einem anderen Gewerbe, in diesem Fall mit einem Fitness Studio.

Foto: Pascal Thurm

Das Gebäude ist in dunkelgrau bis anthrazit gehalten. Die große weiße Leuchtschrift in Höhe des Gebäudedachs ist gut erkennbar. Lediglich die vor dem Gebäude angebrachten blauen Werbebanner werden teilweise von davorliegenden Werbebannern des Fitness Studios verdeckt.

Spielhalle Gronau, Ochtruper Straße

Parallel zur Hauptstraße, an der sich auch zwei weitere Spielhallen befinden, liegt diese Spielhalle in einem überwiegend mit Wohnhäusern besiedelten Gebiet. Dort finden sich einige kleinere gewerbliche Betriebe im näheren Umfeld. Die Spielhalle selbst befindet sich zwischen zwei Cafés im Erdgeschoss eines Mehrfamilienhauses. Unmittelbar an das Gebäude grenzt eine Bahnlinie.

Foto: Pascal Thurm

Die Außenwerbung ist in schwarz und weiß gehalten und erzeugt neben der Werbung der beiden angrenzenden Cafés einen dezenten Eindruck. Der Eingang ist blickdicht gestaltet.

Spielhalle Gronau, Bahnhofstraße

Die Spielhalle befindet sich in einer Seitengasse einer Einkaufsstraße von Gronau. Direkt angrenzend an die Spielhalle befindet sich ein Pub und sowohl der Alte Rathausturm als auch die
Pfarrkirche St. Antonius sind nur eine Straße entfernt.

Foto: Pascal Thurm

Die Spielhalle selbst wirkt durch die verwitterten Beklebungen
der Fenster und das ebenfalls verwitterte, kaum mehr lesbare
Leuchtschild, stark vernachlässigt, regelrecht abstoßend und
verdient sich damit das Prädikat „ästhetische Zumutung".
Der obere Teil des Gebäudes scheint unbewohnt und um den
vor dem Gebäude befindlichen Stumpf eines Baumes liegen
zahlreiche Zigarettenstummeln. Trotz des ungepflegten äußeren Erscheinungsbildes der Spielhalle, scheint diese noch immer geöffnet zu sein.

Wettbüro Gronau, Bahnhofstraße

Das Sportwettenlokal liegt unmittelbar gegenüber einer Spielhalle. Die links nebenliegende „Shisha-Bar" scheint geschlossen zu sein und das in rechts liegender Nachbarschaft befindliche Ladenlokal steht ebenfalls leer.

Foto: Pascal Thurm

Das Gebäude ist bereits „in die Jahre" gekommen und erweckt keinen sonderlich gepflegten Eindruck. Als Außenwerbung dienen die typische rote Farbgebung oberhalb des Ladenlokals und ein großes rotes Leuchtschild an der Hauswand, welches in Laufrichtung der Straße zeigt. Die Fenster sind teilweise beklebt und lassen dadurch einen Blick ins Innere zu.

Spielhalle Gronau, Neustraße

Die Spielhalle liegt in einem größeren Wohn- und Gewerbekomplex inmitten der Innenstadt von Gronau, nur wenige Gehminuten weiterer Anbieter derselben Branche entfernt.

Foto: Pascal Thurm

Neben den bunten Werbebannern der umliegenden Geschäfte wirkt der Eingang zum Spielcasino, unterhalb eines Vordachs, mit einem in Schwarz-Weiß gehaltenen Werbebanner eher unscheinbar. Ohne den Standort der Spielhalle zu kennen und explizit nach solch einer Stätte zu suchen, ist der Standort kaum wahrnehmbar.

Spielhalle Gronau, Gildenhauser Straße

Am Rande eines Wohngebietes, inmitten eines gewerblichen Bereichs liegt diese Spielhalle. Direkt angrenzend finden sich unter anderem eine Waschstraße, ein Discounter, ein Supermarkt und einige weitere kleine Betriebe.

Foto: Pascal Thurm

Die hellen Außenwände wirken neutral und typisch für das Gebiet, in dem sich die Spielhalle befindet. Die für den Anbieter typische farbige, überwiegend in der Signalfarbe Rot gehaltene Außenwerbung ist deutlich sichtbar, ohne jedoch einen unmittelbar aufdringlichen oder gar aggressiven Charakter zu entwickeln.
Die einzigen zwei Fenster an der Front der Spielhalle sind nur wenig beklebt, jedoch durch die innenliegenden Vorhänge, wie bei anderen Spielhallen ebenfalls üblich, blickdicht gestaltet. Parkplätze befinden sich auf der Rückseite des Gebäudes.

171

Spielhalle Gronau, Vereinsstraße

Diese Spielhalle befindet sich an einer stark befahrenen Durchgangsstraße in einem Gebiet das maßgeblich durch Wohnhäuser geprägt ist. In direkter Nachbarschaft befinden sich ein Imbiss, ein Friseursalon sowie ein Tattoo- und Piercing-Studio. Einige Meter weiter, hinter einem Bahnübergang, hat sich ein Supermarkt angesiedelt.

Foto: Pascal Thurm

Das Gebäude, in dem die Spielhalle im Erdgeschoss untergebracht ist, fügt sich in das Gesamtbild der umliegenden Häuser ein, zieht jedoch durch die große Leuchtschrift „Spielhalle" direkt über dem Eingang eine besondere Aufmerksamkeit auf sich. Die Fenster sind auch hier nur teilweise beklebt, jedoch von innen durch Vorhänge blickdicht gestaltet. Gesonderte Parkplätze der Spielhalle sind nicht ersichtlich ausgewiesen.

Spielhalle Stadtlohn, Grabenstraße

Die Spielhalle liegt an einer stark frequentierten Straße in der Nähe des Stadtzentrums im Erdgeschoss eines Wohnhauses. Direkt angrenzend, an der rechten Seite, befindet sich ein Barbershop und ebenfalls in der Nähe eine Anwaltskanzlei, ein Restaurant und eine Bankfiliale.

Foto: Pascal Thurm

Die Leuchtreklame über dem Eingang als, auch Teile der Fenster, sollen an die Stadt Las Vegas erinnern, der restliche Bereich der Ladenfront ist verglast, jedoch teilweise mit Milchglasfolie beklebt, bzw. im Inneren durch einen Lamellenvorhang blickdicht gestaltet. Auf Grund der Lage der Spielhalle bietet sich eine weitere aufdringliche Gestaltung des Außenbereiches nicht an.

Spielhalle Stadtlohn, Dufkampstraße

Am Anfang einer kleinen Ladenstraße befindet sich im Erdgeschoss eines Wohn- und Geschäftshauses diese Spielhalle. Die
Straße führt direkt auf die nur wenige Meter entfernte St. Otger
Kirche zu. In der Ladenzeile finden sich neben einem Café und
mehreren Restaurants auch kleinere Ladenlokale. Einige davon
sind von Leerstand betroffen, welche den Charakter als Ein-
kaufs- und Aufenthaltsbereich etwas beeinträchtigen. Direkt
gegenüber befindet sich das Otgerus-Haus der Kirchenge-
meinde und nicht weit entfernt die Stadtlohner Stadthalle sowie
der Busbahnhof.
Die Außenwerbung der Spielhalle beschränkt sich auf die beiden Leuchttafeln mit dem pinkfarbenen Schriftzug „Spielhalle“,
der auf jeder Gebäudeseite angebracht ist.

Foto: Pascal Thurm

Die Fenster sind nur am unteren Rand im gleichen Farbton beklebt und auch pro Fensterseite findet sich eine innen hängende Werbetafel mit dem Schriftzug Spielhalle. In den Fensterläden finden sich kleinere dekorative Elemente. Der Blick nach innen wird wie gewohnt durch Lamellenvorhänge verhindert.

Spielhalle Stadtlohn, Südlohner Weg

Die Spielhalle befindet sich in einem gewerblich geprägten Gebiet am Stadtrand von Stadtlohn. In der Nähe haben sich neben einem Fitnessstudio mehrere gewerbliche Betriebe in unterschiedlicher Größe angesiedelt. Auf der gegenüberliegenden Straßenseite und seitlich angrenzend befinden sich landwirtschaftliche Flächen.

Foto: Pascal Thurm

Das Gebäude ist in einem hellen gelb gestrichen und lässt durch seine architektonische Gestaltung nicht naheliegend auf eine Spielhalle schließen. Der Nutzungszweck wird jedoch durch die große Werbetafel mit dem Schriftzug „Spielhalle" offensichtlich. Bei Nacht sind sowohl der Schriftzug als auch der Rest des Gebäudes rundum hell beleuchtet. Die Fenster der Spielhalle sind alle vollflächig beklebt. Ein Blick in das Innere ist von außen somit nicht möglich. Der angrenzende Parkplatz ist in einem sauberen Zustand.

Wettbüro Stadtlohn, Stegerstraße

Foto: Pascal Thurm

Das einzige Sportwettenlokal in Stadtlohn liegt an einer Straßenecke zu einer kleinen Einkaufsstraße gelegen. Diese kreuzt sich mit der Straße, an der auch eine Spielhalle liegt und führt ebenfalls zur St. Otger Kirche. In nächster Nähe finden sich einige kleine Geschäfte, eine Eisdiele und eine Apotheke.

Die Fassade des Wettlokals verweist auf eine gehobene Qualität durch Marmor- bzw. marmorähnliche Platten. Die Fenster sind etwa zur Hälfte beklebt und thematisch passend mit Fußballmotiven versehen. Dennoch ist jederzeit ein Blick ins Innere des Lokals gewährleistet. Das einzige Werbebanner, welches direkt über der Eingangstür angebracht ist, wirkt dezent und wenig aufdringlich. Insgesamt fügt sich das Wettbüro unauffällig in das Straßenbild ein.

Spielhalle Vreden, Twicklerstraße

Die Außenwerbung erfolgt größtenteils durch die farblich auffälligen, verklebten Fenster. Der dadurch verschlossen wirkende Eindruck wird durch einen den Eingang abschirmenden Holzzaun noch verstärkt.

Die Spielhalle befindet sich im Erdgeschoss eines größeren Wohnhauskomplexes und liegt an einer vielbefahrenen Durchfahrtsstraße nahe dem Bahnhof sowie unweit der Stadtmitte.

Foto: Nico da Cruz

Spielhalle Vreden, Wichmanngasse

Foto: Nico da Cruz

Die Spielhalle sticht farblich durch ihre helle Fassade in Kombination mit dem großen, blau hinterlegten, Schriftzug am oberen Gebäudeteil heraus. Der ins Gebäude integrierte Eingangsbereich, der durch einen davor platzierten dunklen Zaun vor Einblicken geschützt ist, wirkt wenig einladend.

Eine Ansammlung von Vergnügungsstätten in der Umgebung gibt es nicht. Die Spielhalle liegt in einer wenig frequentierten Gasse, in der Nähe zu belebten Orten wie dem Markt und einem großen Parkplatz mit Einzelhandel. Insgesamt wirkt das Gebäude etwas vernachlässigt und wenig einladend.

8 Ergebnisse aus Ahaus, Bocholt, Borken, Gronau, Stadtlohn und Vreden

Neben der Identifizierung der Spielhallen und Wettbüros, ihrer Lage und äußeren Präsentation in den sechs Kommunen im Kreis Borken, waren von besonderer Bedeutung die Interviews mit Vertretern der Stadtverwaltung aus den Bereichen der Ordnungs- und Planungsämter. Folgende Fragenbereiche waren Bestandteile der Interviews, die zwischen November 2024 und Januar 2025 in den Räumlichkeiten der Stadtverwaltungen geführt wurden und zwischen 30 und 90 Minuten dauerten.

- Entwicklung der Anzahl an Wettbüros und Spielhallen seit 2010, insbesondere vor 2021
- Soziale Struktur der BesucherInnen und Auswirkungen der Wettbüros und Spielhallen auf das Stadtbild (Ästhetik, Lautstärke, Müll)
- Proteste von Politik, Kirche oder Bürgern
- Kriminalität in Verbindung zu Spielhallen und Wettbüros
- Berichterstattung lokaler Medien und Online-Plattformen
- Diskussionen im Stadtrat oder anderen Versammlungen
- Existenz eines Vergnügungsstättenkonzeptes
- Richtlinien bei Beantragung von Neukonzessionen
- Verdrängungseffekte, ökonomisch, kulturell

Je nach Größe der Kommune und spezifischer Historie konnten die einzelnen Fragebereiche unterschiedlich umfangreich beantwortet werden.

Ahaus

Vorab ist zu erwähnen, dass in Ahaus die beiden Sparten Spielhallen und Wettbüros getrennt voneinander betrachtet werden. Vor ca. 10 Jahren gab es einen „kleinen Hype" in Ahaus, was die Eröffnung von Spielhallen anging. Zu dieser Zeit wurde gemäß den damaligen Festsetzungen des Bebauungsplans ein neues „Kerngebiet" an der ehemaligen Bundesstraße B70 eröffnet. Aufgrund der örtlichen Gegebenheiten und der verkehrstechnischen Anbindung an diesen Standort herrschte ein hohes „Besucheraufkommen" und wurde auch weiterhin erwartet. Daraufhin kam es nach der Erschließung zeitnah zu mehreren Anfragen zur Eröffnung von Spielhallen. Die meisten davon existieren noch heute. Insgesamt verteilen sich fünf Spielhallen auf einen etwa 3 km langen Straßenabschnitt. Diese Verdichtung wirkt, nach Auffassung des Befragten, deutlich überproportioniert für die Anzahl der EinwohnerInnen in Ahaus. Begründet wird diese atypische Situation mit dem damaligen hohen Verkehrsaufkommen der Bundesstraße B70. Die damaligen Betreiber hatten bereits vorab mit den Grundstücksbesitzern und Eigentümern der gewünschten Gebäude alle relevanten Aspekte geklärt und die Stadt Ahaus wurde damals mit den Anträgen auf Eröffnung der Spielhallen regelrecht überrumpelt.

Im Bereich der Innenstadt existieren keine Spielhallen. Lediglich ein Sportwettenbüro befindet sich direkt am Eingang zur Innenstadt im Erdgeschoss eines Eckgebäudes. Der Betreiber des Wettbüros wurde im Vorfeld der Eröffnung vom Amt für Stadtplanung beraten, um die Einhaltung der „Gestaltungssatzung der Innenstadt" zu gewährleisten. Darunter fiel bspw. das Bekleben der Schaufenster, welche maximal zu 20% der Fläche verdeckt sein dürfen. Die Verständigung mit dem Betreiber verlief unproblematisch, so dass die Auflagen eingehalten wurden.

Nach persönlicher Einschätzung des Befragten, bietet das Wettbüro ein vergleichsweise einladendes Bild, mit einer ansprechenden Bestuhlung und Gestaltung des Innenraums.

In Ahaus gab es, zumindest aus der Perspektive der Stadtplanung, keine bekannten Probleme mit Besuchern oder Beschädigungen der Umgebung. Eine bemerkenswert meinungsstarke Aussage bezieht sich jedoch auf eine andere Branche: „Jeder Fastfood-Laden macht mehr Dreck und Lärm mit an- und abfahrenden KundInnen als die Spielhallen." Insgesamt hat es den Anschein, dass seit Anbeginn ihres Angebots, die Betreiber sehr bemüht waren, keine Probleme zu verursachen und nicht negativ aufzufallen. Für die Mehrheit der Bevölkerung, die nicht zur Kundschaft gehört, sollte die Existenz demzufolge unauffällig bleiben. Mindestens der Umgang mit den Betreibern durch die Stadt Ahaus wurde insofern positiv und unkompliziert aufgefasst.

Nennenswerte oder bekannt gewordene Proteste von BürgerInnennen oder Institutionen wie bspw. der Kirche waren und sind nicht zu verzeichnen. Zum Zeitpunkt als das Gebiet erschlossen wurde, war eine „kleine politische Empörung" auf Grund des plötzlich hohen Aufkommens der angesiedelten Spielhallen wahrnehmbar. Damit verbunden war die unbegründete Sorge, dass weitere Betreiber den bereits bestehenden Ansiedlungen folgen könnten. Dies führte zumindest indirekt zu einem Umdenken und einer Anpassung von Richtlinien für weitere und neue Stadtbezirke, denn die damalige hohe Rate der Ansiedlung war aufgrund fehlender Richtlinien quasi selbstverschuldet. Aus welchen Beweggründen das benannte Gebiet damals unzutreffend als „Kerngebiet" deklariert wurde, ist zum heutigen Zeitpunkt nicht mehr nachvollziehbar. Allerdings besteht nach wie vor die Einschätzung, dass die damalige Einstufung des Gebietes „nicht korrekt" erfolgt sei.

Eine unmittelbar mit den Spielhallen und Wettbüros, deren Betreibern sowie BesucherInnen in Verbindung zu bringende Kriminalität liegt nicht vor. Der direkte Kontakt mit den Betreibern gestaltete sich bislang als freundlich und die beurteilende Wahrnehmung über die BesucherInnen gilt als unverdächtig.

Lediglich bei einer früher zurückliegenden, jedoch nicht mehr datierbaren Veranstaltung, zeigte sich ein Betreiber angesichts des Vorgehens der Stadt enttäuscht. Die MitarbeiterInnen der Stadtplanung wurden mit den Worten konfrontiert: „Erst ködert ihr mich über die Bauordnung und dann würgt Ihr mich über die Steuer ab!". Im späteren Verlauf wurden Einschusslöcher in den Scheiben der Stadtplanung registriert. Dieser Vorfall war allerdings nicht mit dem Spielhallenbetreiber in Verbindung zu bringen.

Eine durch die Medien erfolgte Berichterstattung über die Spielhallen und Wettbüros in Ahaus findet nicht statt. Des Weiteren liegen auch keine Kenntnisse darüber vor, dass das Thema Spielhallen offiziell im Stadtrat oder ähnlichen Versammlungen zur Sprache gekommen wäre. Ein gesondert erstelltes Vergnügungsstättenkonzept existiert in Ahaus nicht. Das Thema Spielhallen und Wettbüros hat sich in Ahaus bislang nicht zu einem städtebaulichen Problem entwickelt.

Grundsätzlich ist der „Bebauungsplan" der Städte Vor- und Maßgabe bei Entscheidungen zur Eröffnung beziehungsweise Ansiedlung von Spielhallen und Wettbüros. Die „Nutzungsverordnung – 1990" nimmt darauf ebenfalls Einfluss. Die strategische Orientierung zielt darauf ab, die Lokalitäten aus dem Bereich der Innenstadt fernzuhalten. Bei einem Verbot einer Ansiedlung in einem Gebiet, entsteht jedoch ein erhöhter Druck, den Ansiedlungsbestrebungen in einem anderen Stadtgebiet nachzukommen. Um in einem nach Bebauungsplan zulässigen Gebiet ein Verbot aussprechen zu können, muss aufwändig und rechtlich unstrittig aufgezeigt und bewiesen werden, dass die Ansiedlung einer Vergnügungsstätte an diesem Ort ein Problem darstellt. Inzwischen liegen Erfahrungswerte darüber vor, welche Planungen und Orientierungen Betreiber von Spielhallen haben, zumal die überschaubare Größe der Stadt Ahaus eine dementsprechende Wahrnehmung ermöglicht.

Beispielsweise konnte das ursprüngliche Vorhaben eines Betreibers zur Eröffnung an seinem Wunschstandort verändert werden. Die Stadtplanung wies ihn „freundlicherweise" darauf hin, dass auf Grund des dort zu geringen Verkehrsaufkommens diese Standortwahl sich als nicht lohnend erweisen würde und die Ansiedlungen der bereits bestehenden Spielhallen nicht grundlos in einem anderen Gebiet erfolgt seien.

Die gesetzliche Fixierung der Vorgaben für Vergnügungsstätten erzeugt über die „Spielsteuer" eine wirksame Stellschraube zur Ansiedlung von Spielhallen und Wettbüros. Ein generelles Verbot von Vergnügungsstätten stößt auf zahlreiche Probleme, da jede Nutzungseinschränkung umfassend begründet sein muss. So kann exemplarisch das zusammen mit einer Nachbarstadt, bestehende „interkommunale Gewerbegebiet" angeführt werden. Dort sind Spielhallen, Bordelle und weitere so genannte Vergnügungsstätten nicht erwünscht. Eine fehlerfreie Planung ist allerdings dort außerordentlich problematisch, da sich bereits die Benennung der einzelnen Gewerbe oft als schwierig gestaltet. Insbesondere dürfen keine verwaltungsrechtlichen Lücken entstehen, so dass „alles" begründet auszuschließen sei, was an den jeweiligen Standorten unerwünscht ist. Nachträglich bestehende Standorte zu schließen, beziehungsweise zu verbieten erweist sich als nahezu unmöglich. Dies würde einer nicht zulässigen Enteignung gleichkommen. Ein beispielsweise unzulässig erstellter Bebauungsplan, kann demzufolge nicht zum Nachteil des Betreibers führen. In diesem Fall greift

Paragraf 34 des Baugesetzbuchs (BauGB): „Zulässigkeit von Vorhaben innerhalb der im Zusammenhang bebauten Ortsteile" und würde die betroffenen Spielhallen, beziehungsweise die jeweiligen Gebäude in eine Art Bestandsschutz versetzen.

Dessen ungeachtet wurde dem Einzelhandel dennoch einmal damit „gedroht", einen Bebauungsplan für unwirksam zu erklären, um eine Ansiedlung zu vermeiden. Ein Betreiber hatte darauf insistiert, sich unbedingt in diesem Gebiet anzusiedeln, was bereits mit der Androhung verhindert werden konnte. In der Regel bleibt jedoch ein Bebauungsplan dauerhaft bestehen. Eine Umstellung auf eine neue „Baunutzungsverordnung" muss sehr präzise begründet werden. Das allerdings ist mit dem „Preis" verbunden, unabhängig ob Windkraft-, Solaranlage oder Spielhalle, dass ein Ausschluss an der einen Stelle die Ansiedlung nicht generell untersagen kann, sondern an anderer Stelle ermöglichen muss.

Insofern die Ansiedlung von Spielhallen und Wettbüros durch das Baurecht freigegeben wurde, waren die Eigentümer der Grundstücke und Gebäude frei in der Vergabe und haben sich zumeist für den Höchstbietenden entschieden.

Üblicherweise müssen fehlerhafte Bebauungspläne von den Kommunen korrigiert werden. Gleichwohl haben die Kommunen einen gewissen Spielraum in dieser Entscheidung. Als Kommunalaufsichtsbehörde hat allerdings die Bezirksregierung die Aufgabe, die Rechtmäßigkeit zu überwachen. Insofern ein Bebauungsplan rechtswidrig ist, kann die Bezirksregierung eingreifen, sofern sie Kenntnis davon hat und ihr Handeln der Verhältnismäßigkeit entspricht.

Bei Anfragen zur Ansiedlung erfolgt vorweg meist eine Bestandsaufnahme zur möglichen Standortwahl einer Spielhalle. Ein von der Kommune ausgesprochenes Verbot zur Ansiedlung auf bestimmten Grundstücken kann jedoch wiederum dem

Grundstückseigentümer oder Eigentümers einer Immobilie Schaden zufügen, da dort mitunter keine alternative Anmietung oder Ansiedlung stattfinden kann. Der Steuerungsprozess ist für die Kommune daher personell sehr aufwendig und finanziell belastend, da eventuelle Absagen durch Klagen und Verfahren wiederum neu aufgerollt werden können.

Bocholt

Seit 2010 ist die Anzahl der Spielhallen in Bocholt rückläufig. Diese Entwicklung ist hauptsächlich auf rechtliche Anpassungen in Form des Glückspielstaatsvertrages aus dem Jahr 2019 zurückzuführen, die Mehrfachkonzessionen und bspw. die Nutzung eines gemeinsamen Eingangsbereichs für mehrere Spielhallen untersagen. Vor den Änderungen gab es in Bocholt drei Spielhallen, die alle zentral über einen Eingang zugänglich waren. Seit 2019 sind solche Konzessionen nicht mehr erlaubt, sodass die Stadt eine Reduktion in der Gesamtzahl der Spielhallen erreicht hat. Die gezielte Umwandlung von Mehrfachspielhallen in einzelne Spielhallen hat zur besseren Kontrolle der Branche beigetragen und spiegelt die Bestrebungen wider, das Glücksspielangebot im physischen Raum zu beschränken.

Die Stadt Bocholt erhebt keine spezifischen Daten über die soziale Struktur der KonsumentInnen von Spielhallen und Wettbüros. Weder das Ordnungsamt noch andere städtische Behörden führen Datenerhebungen durch oder erfassen Merkmale der Nutzer. Der Fokus der Stadt liegt stattdessen auf der Einhaltung gesetzlicher Vorschriften und Zugangsregelungen, ohne gezielte Informationen über die demografische oder soziale Zusammensetzung der BesucherInnen zu sammeln.

In der jüngeren Vergangenheit wurden in Bocholt seitens der Stadtverwaltung keine Proteste gegen die Existenz oder Ansiedlung von Wettbüros oder Spielhallen registriert.

Der Stadt Bocholt ist keine spezifische oder verstärkte Berichterstattung über Spielhallen und Wettbüros in den Medien bekannt. Auch gibt es keine Berichte über bedeutsame Vorfälle oder öffentliche Diskussionen zu dieser Thematik, was darauf schließen lässt, dass die Regulierung und Überwachung der Vergnügungsstätten von der Stadt bislang erfolgreich umgesetzt werden.

Zu Beginn der 2010er Jahre gab es vermehrte Ansiedlungswünsche für Vergnügungsstätten, die zu politischen Diskussionen führten. Der Stadtrat von Bocholt hat diese Anfragen damals individuell geprüft und in den meisten Fällen abgelehnt. Um eine rechtliche Grundlage für die Ansiedlungssteuerung zu schaffen, wurde ein Vergnügungsstättenkonzept entwickelt, das den Stadtrat bei der Entscheidungsfindung unterstützt. Dieses Konzept ermöglicht es der Stadt, Anfragen für neue Vergnügungsstätten gezielt zu regulieren und bei Bedarf abzulehnen. Ohne ein solches Konzept könne die Stadt Gefahr laufen, dass Verbote oder Ablehnungen als willkürlich wahrgenommen und rechtlich angefochten werden. Das Vergnügungsstättenkonzept bietet daher eine rechtliche Absicherung und stärkt die Position der Stadt bei der Planung und Kontrolle solcher Einrichtungen.

Anfänglich gab es Bedenken, dass die Ansiedlung von Spielhallen und Wettbüros Verdrängungseffekte auf den Wohnungsmarkt und andere Unternehmen haben könnte. Diese Effekte sind jedoch nicht eingetreten. Als möglicher Grund dafür wurde der zunehmende Trend zum Online-Glücksspiel ausgemacht, durch den die Nachfrage nach neuen Standorten für Spielhallen und Wettbüros abnimmt. Diese Entwicklung hat dazu beigetragen, dass die wirtschaftliche Bedeutung solcher Standorte in

Bocholt zurückgeht. Das städtische Vergnügungsstättenkonzept sieht vor, dass solche Einrichtungen bevorzugt in Gewerbegebieten angesiedelt werden, während Wohngebiete vor solchen Betrieben geschützt werden. Dadurch wird das Risiko von Verdrängungseffekten auf Wohnraum und andere städtische Bereiche minimiert.

Eine erhöhte Kriminalitätsrate im Zusammenhang mit Spielhallen oder Wettbüros konnte bisher nicht festgestellt werden. Die Stadtverwaltung überwacht die Vergnügungsstätten in Zusammenarbeit mit der örtlichen Polizei, Hinweise auf sicherheitsrelevante Vorfälle wie Geldwäsche oder andere kriminelle Aktivitäten in Vergnügungsstätten gibt es jedoch nicht.

Die Stadt Bocholt verfolgt einen kontrollierten, strukturierten und rechtlich abgesicherten Umgang mit Spielhallen und Wettbüros. Die Reduktion von Spielhallen, die gezielte Ansiedlung in Gewerbegebieten sowie die Nutzung eines klaren Vergnügungsstättenkonzepts zeigen das Engagement der Stadt, die Glücksspielbranche im Einklang mit den Bedürfnissen der Stadt und den Interessen ihrer BürgerInnen zu steuern. Da keine wesentlichen Probleme oder Beschwerden von Seiten der Bevölkerung oder der Sicherheitsbehörden vorliegen, wird das Thema Vergnügungsstätten als gut reguliert und unproblematisch betrachtet. Durch die Kombination von rechtlichen Regelungen und städtischen Planungsmaßnahmen hat Bocholt ein stabiles System geschaffen, das die Ansiedlung und den Betrieb von Vergnügungsstätten präzise und langfristig regelt.

Borken

Die Anzahl an zugelassenen Spielhallen und Wettbüros in Borken hat ebenfalls seit 2010 abgenommen. Diese Entwicklung ist vor allem auf den Glücksspielstaatsvertrag zurückzuführen, der mit seinen strengeren Regelungen für Mehrfachkonzessionen eine Einschränkung der Anzahl solcher Einrichtungen bedingt. Vor Inkrafttreten des Glücksspielstaatsvertrags gab es in Borken etwa zwanzig Konzessionen für Spielhallen. Derzeit bestehen fünf Konzessionen für Spielhallen und eine Konzession für ein Wettbüro.

Die Reglementierung durch den Glücksspielstaatsvertrag stellt sicher, dass Mehrfachkonzessionen, also mehrere Spielhallenlizenzen für einen Standort, nicht mehr vergeben werden können. Somit spiegelt die Situation in Borken den allgemeinen bundesweiten Trend wider, das Angebot solcher Einrichtungen zu kontrollieren und zu beschränken.

In Bezug auf die soziale Struktur der KonsumentInnen von Spielhallen und Wettbüros werden in der Stadt Borken keine Datenerhebungen durchgeführt. Für das Ordnungsamt der Stadt haben diese Informationen keine Relevanz. Der Schwerpunkt liegt stattdessen auf den Zugangskontrollen, die gewährleisten sollen, dass die BesucherInnen dieser Einrichtungen gesetzlich zugelassen sind. Durch regelmäßige Kontrollen wird sichergestellt, dass die gesetzlichen Bestimmungen, insbesondere in Bezug auf Jugendschutz und Zugangsbeschränkungen, eingehalten werden. Die Stadt fokussiert sich hierbei auf die formale Seite der Prävention und verzichtet auf eine tiefere Analyse der sozialen Schichtung oder des sozioökonomischen Hintergrunds der BesucherInnen.

Der Stadtverwaltung sind aus der jüngeren Vergangenheit keine öffentlichen Proteste gegen Wettbüros oder Spielhallen bekannt.

Die Stadt Borken beobachtet allgemeine Berichterstattungen und Trends über Glücksspiel und Spielhallen, insbesondere Entwicklungen und Diskussionen in größeren Städten. Solche Trends und Nachrichten werden jedoch hauptsächlich informativ verfolgt, da sie auf die spezifische Situation in Borken wenig übertragbar sind. Die mediale Relevanz dieses Themas ist für die lokale Öffentlichkeit vergleichsweise gering, was auch daran liegt, dass es in Borken selbst keine signifikanten Ereignisse oder Kontroversen rund um das Thema Glücksspiel gibt. Die Stadt hat daher keine Anhaltspunkte dafür, dass ein besonderes Medieninteresse an der Thematik besteht.

Der Stadtrat von Borken hat derzeit kein spezielles Konzept für Vergnügungsstätten entwickelt. Die Regulierung solcher Einrichtungen erfolgt im Rahmen der allgemeinen Bebauungspläne. Bisher wurde kein dringender Bedarf für ein gesondertes Konzept gesehen, da die bestehenden Vorschriften als ausreichend angesehen werden, um Anfragen nach neuen Vergnügungsstätten zu bearbeiten und bei Bedarf abzulehnen. In Anbetracht der ausbleibenden Einwände gegen diese Handhabung darf davon ausgegangen werden, dass die Stadt durchaus positive Ergebnisse mit der Handlungsweise erzielen konnte.

Bisher hat die Stadt Borken keine spezifischen Untersuchungen darüber durchgeführt, ob die Ansiedlung von Vergnügungsstätten Verdrängungseffekte auf den Wohnungsmarkt oder auf ansässige Unternehmen hat. Auch sind der Stadt keine Beschwerden oder Hinweise aus der Bevölkerung oder von Unternehmen bekannt, dass Spielhallen oder Wettbüros zu negativen Verdrängungseffekten führen.

In Bezug auf die Sicherheitslage steht die Stadt Borken in engem Austausch mit der Polizei. Diese Kooperation dient der frühzeitigen Erkennung und Vermeidung möglicher sicherheitsrelevanter Entwicklungen im Zusammenhang mit Spielhallen und Wettbüros. Bislang sind der Stadt keine erhöhten Kriminalitätsfälle bekannt, die speziell mit diesen Einrichtungen in Verbindung gebracht werden könnten. Hinweise auf Vorfälle wie Geldwäsche oder Überfälle, die häufig mit dem Glücksspielsektor assoziiert werden, liegen nicht vor. Auch regelmäßige Polizeikontrollen haben keine Probleme aufgezeigt.

Die Stadt Borken verfolgt einen strukturierten und sachlichen Ansatz im Umgang mit Vergnügungsstätten wie Spielhallen und Wettbüros. Durch die konsequente Einhaltung des Glücksspielstaatsvertrags und die Durchführung regelmäßiger Zugangskontrollen wird ein rechtmäßiger Betrieb der Einrichtungen sichergestellt. Da die Stadt keine wesentlichen Probleme oder Beschwerden aus der Bevölkerung oder von Seiten der Sicherheitsbehörden zu verzeichnen hat, sieht sie keine unmittelbare Notwendigkeit für zusätzliche Maßnahmen oder spezielle Konzepte zur Steuerung von Spielhallen und Wettbüros. Der vorsichtige und bewährte Umgang mit neuen Anfragen sowie die Kooperation mit der Polizei und anderen Behörden stellen sicher, dass diese Einrichtungen das öffentliche Leben in Borken weder negativ beeinflussen noch zusätzliche soziale oder sicherheitstechnische Herausforderungen mit sich bringen.

Gronau

Die Anzahl an Spielhallen und Wettbüros ist in Gronau in den letzten Jahren relativ stabil geblieben. In Gronau (Epe) gab es im Jahr 2023 weniger als fünf Anfragen bei der Stadtplanung bzw. dem Bauordnungsamt. Für die Größe der Stadt Gronau und die Anzahl der dort ansässigen Bewohner ist die Anzahl der Spielhallen und Wettbüros jedoch als überproportional hoch anzusehen. Die hohe Anzahl liegt nach Einschätzung der Befragten an der Nähe zu den Niederlanden, da dort für Spielhallen restriktivere Bestimmungen als in Deutschland gelten. Zudem ist für die niederländischen NutzerInnen im Nachbarland eine größere Anonymität gewährleistet.

Bei der Recherche vor Ort war deutlich erkennbar, dass vermehrt Fahrzeuge mit niederländischem Kennzeichen vor den Spielhallen und Wettbüros parkten.

Der Stadtplanung Gronau bzw. dem Bauordnungsamt liegen keine Daten zur Sozialstruktur der Spielhallen- und Wettbüronutzer vor. Ebenfalls sind keine den Spielhallen und Wettbüros zuordenbare Auswirkungen auf das Stadtbild durch Lärm oder angrenzende Verschmutzungen bspw. durch Müll oder leere Flaschen bekannt. Eine separate Datenerhebung oder Beobachtung wird, auch aus datenschutzrechtlichen Erwägungen, nicht durchgeführt.

Spielhallen und Wettbüros betreffend gab es bislang keine bekannt gewordenen Proteste. Lediglich wegen der Eröffnung eines Swingerclubs gab es vor einiger Zeit seitens der Kirche nachvollziehbare Proteste, da die Eröffnung auf einem kirchlichen Grundstück geplant war. Fälle von Kriminalität, die in Verbindung mit Spielhallen oder Wettbüros stehen könnten, sind ebenfalls nicht bekannt.

Die Frage nach vorhandenen Berichterstattungen zum Thema Spielhallen und Wettbüros, insbesondere der damit verbundenen Kriminalität wurde von den Befragten der Stadt verneint. Ein Artikel in den „Westfälischen Nachrichten" aus dem Jahr 2012 thematisierte die steigende Kriminalität in Gronau. In dem Bericht wurde auch Bezug auf die Anzahl der Spielhallen genommen, von denen Gronau zum damaligen Zeitpunkt 16 der im Kreis Borken insgesamt 51 ansässigen Spielhallen beherbergte. Ergänzend zu den vier offiziellen Wettbüros in Gronau wurde auf vier Adressen hingewiesen, in denen vermutlich illegales Glücksspiel betrieben wurde. Hingewiesen wurde damals auch auf Spielverluste durch Automatenspiel in Millionenhöhe und der Herkunft des Geldes aus strafbaren Handlungen wie Einbrüchen oder Diebstählen. Eine derartige Berichterstattung existiert derzeit nicht. Allerdings ist anhand der jüngsten Kriminalstatistik des Kreises Borken für die Stadt Gronau nach wie vor ein überproportionaler Anteil an Kriminalität zu verzeichnen (siehe Kreispolizeibehörde Borken 2023, S. 10, 12, 54). Ob ein unmittelbarer Zusammenhang zwischen Kriminalität und Spielhallen aktuell besteht, kann aufgrund der vorliegenden Informationen an dieser Stelle nicht nachvollzogen werden.

Laut den Aussagen der Befragten sind keine Fälle bekannt, bei denen Spielhallen und Wettbüros explizit Thema im Stadtrat oder anderen städtischen Versammlungen gewesen sind. Eine allgemein gehaltene Frage „Warum gibt es die Spielhallen und Wettbüros noch, wenn sie niemand hier haben möchte?" – wurde im Stadtrat mit der rechtlichen Zulässigkeit beantwortet. Weitergehende Diskussion aus der jüngeren Vergangenheit sind bis auf eine Ausnahme nicht bekannt.

Das ambivalente Verhältnis zu Spielhallen wurde im Zusammenhang des Erwerbs einer Immobilie durch die Stadt deutlich. In dieser Immobilie befand sich zum Zeitpunkt des Erwerbs eine Spielhalle. Da diese jedoch, wie alle anderen ebenfalls, grundsätzlich nicht erwünscht war, wurde dem Mieter gekündigt und somit die Spielhalle geschlossen. Daraufhin habe der Stadtrat sich erkundigt, mit welcher Begründung dem Mieter gekündigt worden sei. Hintergrund der Nachfrage waren die dadurch entstandenen Einnahmeausfälle für die Stadt. Erst durch die Information, dass es sich bei dem gekündigten Mieter um eine Spielhallenbetreiber gehandelt habe, befürwortete der Stadtrat die zuvor getroffene Entscheidung.

Das vorhandene Konzept aus dem Jahr 2015 ist nach wie vor aktuell und wird weiterhin angewendet. Mit dem Vergnügungsstättenkonzept war die damalige Intention verbunden, die Auflagen für die Betreiber der Spielstätten und Wettbüros, „so negativ wie möglich" und „so positiv wie nötig" zu gestalten. Ein Abweichen von diesem Konzept ist nicht vorgesehen, da es aus der Perspektive der Stadt seine Funktion erfüllt. Erst bei rechtlichen Änderungen, die das Konzept betreffen, müsste eine Anpassung vorgenommen werden. Ein derartiger Vorgang würde dann vom Stadtrat beauftragt, genehmigt und am Ende durch Abstimmung angenommen werden.

Der aktuelle Bebauungsplan der Innenstadt ist auf Basis des Vergnügungsstättenkonzeptes erstellt worden. Demzufolge wurde unter anderem entschieden, Spielhallen in der Innenstadt nicht im Erdgeschoss unterzubringen. Der vorherige Bebauungsplan hatte die Unterbringung im Erdgeschoss noch zugelassen. Auf Hinweis der Stadtplanung beschloss der Stadtrat den Bebauungsplan zu überarbeiten und diese Restriktion einzufügen. Ergänzend dazu wird der rechtlich noch mögliche Grenzbereich „zur Hilfe" genommen, um eine Ansiedlung zusätzlicher Spielhallen und Wettbüros zu beschränken.

Beispielsweise ist die „Stellplatz Satzung" in dieser Hinsicht eine „hilfreiche" Stellschraube. Für unterschiedliche Gewerbe ist eine Mindestanzahl an PKW-Stellplätzen vorgesehen. Können die Plätze nicht geschaffen werden, ist eine Ablöse durch Ausgleichszahlungen möglich. Allerdings stößt dieses Steuerungsmittel an seine Grenzen, da die Höhe der Zahlung, die zumeist sehr solventen Spielhallen und Wettbüros nicht von der Ansiedlung abhält.

Zur vorsorglichen Vermeidung von Spielhallenansiedlungen werden bisweilen auch Gebiete ohne bisherigen Bebauungsplan, wenn möglich, als Wohngebiete, oder anderweitige Gebiete deklariert, um so eine potentielle Ansiedlung von Spielhallen und Wettbüros rechtlich zu verhindern. Beispielhaft anzusehen sind reine Gewerbe- und Produktionsgebiete, in denen eine Ansiedlung der Spiel- und Wettbetriebe generell untersagt ist.

Dennoch ist die Stadt dazu verpflichtet, eine sogenannte „Positiv-Planung" zu erarbeiten und Möglichkeiten zur Ansiedlung zu schaffen. Ansonsten besteht die Gefahr anhand der Rechtslage (siehe §34 BauGB) durch gerichtlich stattgegebene Klagen dazu gezwungen zu werden. Informationen über etwaige Verdrängungseffekte liegen der Stadt Gronau nicht vor.

Stadtlohn

Die Stadt Stadtlohn hat derzeit ca. 21.000 EinwohnerInnen. Im Stadtgebiet existieren drei Spielhallen und ein Wettbüro, welches zuvor als Spielhalle genehmigt war. Eine Spielhalle sowie das Wettbüro liegen unmittelbar an Eingängen zur Innenstadt sowie eine weitere am Rand der Innenstadt und damit in einem so genannten Kerngebiet. Die vierte Spielhalle befindet sich auf einer gewerblichen Baufläche am Stadtrand.

Alle vier Vergnügungsstätten existieren bereits langjährig an ihren Standorten. Zwei der genannten Standorte wurden bereits vor 2010 genehmigt. Die beiden anderen Standorte erhielten ihre Genehmigung nach 2010, wobei die Änderung einer Spielhalle in ein Wettbüro im Jahr 2021 stattfand.

Daten zur sozialen Struktur der Besucher liegen nicht vor. Lärm- oder Alkoholprobleme im öffentlichen Raum können laut Angaben des Ordnungsamtes nicht mit den Vergnügungsstätten in Verbindung gebracht werden. In den jeweiligen Stadtgebieten, sowohl im Kerngebiet als auch im Außenbereich, gelten an gesetzliche Normen angepasste Schallschutzvorgaben. Ein Einfluss auf die Umgebung bspw. durch Müll oder leere Flaschen ist nicht zu verzeichnen. Offensichtlich beugen die Betreiber etwaiger sensibler Kritik hinsichtlich des Erscheinungsbildes vor und geben diesbezüglich keinen Anlass zu Anwohnerklagen.

Zu Beginn der Ansiedlung der Betriebe gab es an verschiedenen Standorten im Vorfeld Beschwerden. Durch damals fehlende Vorgaben in den Bebauungsplänen waren jedoch alle Betriebe zulässig und genießen daher Bestandsschutz.

Am Standort, welcher sich auf einer gewerblichen Fläche am Stadtrand befindet, gab es vor Jahren Probleme mit einer „Rockerbande". Diese Probleme existieren jedoch offenbar nicht mehr.

Presseberichten der örtlichen Polizei ist zu entnehmen, dass es im Dezember 2017 zu einem Einbruchdiebstahl in einer Spielhalle kam und im Mai 2023 zu einem Diebstahl. In den letzten 5 Jahren waren Spielhallen und Wettbüros kein Thema im Stadtrat oder dem Bauausschuss. Ein Gesamtkonzept der Stadt Stadtlohn zum Thema Spielhallen und Wettbüros existiert nicht.

Bei jedem Vorhaben muss die Lage in einem bestehenden Be-
bauungsplangebiet neu bewertet werden. In neuen Bebauungsplänen werden Vergnügungsstätten ausgeschlossen. Verdrängungseffekte durch die Spielhallen und Wettbüros werden em-
pirisch nicht erfasst.

Vreden

Die Stadt Vreden weist seit 2010 mit insgesamt zwei Standorten
eine konstante und gleichzeitig niedrige Anzahl an Spielhallen
auf. Im Gegensatz zu städtischen Gebieten oder Ballungszen-
tren, in denen die Anzahl derartiger Einrichtungen häufig stär-
keren Schwankungen unterliegt, scheint man mit dem laufen-
den Konzept gute Erfahrungen gemacht zu haben und zufrieden
zu sein.
Hinsichtlich der sozialen Struktur und der spezifischen Merkmale der KonsumentInnen, die Spielhallen besuchen, werden in
Vreden keine Daten erhoben. Ein gesetzlich vorgeschriebenes
Sozialkonzept wird jedoch umgesetzt, welches die Rahmenbedingungen für einen verantwortungsbewussten Betrieb von
Glücksspielstätten festlegt und Maßnahmen zur Prävention von
Spielsucht einschließt. Dies umfasst das sogenannte OASIS-
System, ein bundesweit standardisiertes Überwachungssystem,
das die Aktivität von SpielerInnen in Spielhallen und Wettbüros
erfasst und problematisches Spielverhalten identifiziert. Dieses
zentrale Instrument erlaubt es den Betreibern, gefährdeten Personen den Spielbetrieb zu untersagen und somit das Risiko von
Spielsucht und problematischem Verhalten zu mindern. Weitere statistische Erhebungen über die sozialen Hintergründe o-
der das Einkommen der KonsumentInnen erfolgen jedoch

derzeit nicht, was auch auf datenschutzrechtliche Überlegungen zurückzuführen ist.

In Vreden gab es in der jüngeren Vergangenheit keine verzeichneten öffentlichen Proteste gegen Wettbüros oder Spielhallen. Die Einrichtungen werden in der Stadtgemeinschaft entweder weitgehend akzeptiert, oder von der Bevölkerung als unauffällig und nicht störend wahrgenommen. Die geringe Anzahl solcher Einrichtungen trägt vermutlich dazu bei, dass Glücksspiel in Vreden kein kontroverses Thema ist und die Bevölkerung keinen dringenden Bedarf für eine öffentliche Debatte sieht. Dies steht im Kontrast zu größeren Städten, in denen derartige Debatten immer wieder aufkommen.

Auch die mediale Berichterstattung zu Wettbüros und Spielhallen in Vreden ist weitgehend unauffällig. Die Stadtverwaltung gibt an, dass keine umfangreiche Berichterstattung zu diesen Einrichtungen vorliegt. Allerdings wird angemerkt, dass im Jahr 2014 ein Antrag gestellt wurde, einen Teil eines bestehenden Kinos in eine Spielhalle umzuwandeln. Dieser Antrag wurde aufgrund der räumlichen Nähe zu bereits bestehenden Spielhallen abgelehnt, da die Stadt eine zu hohe Konzentration solcher Betriebe in diesem Gebiet vermeiden wollte. Die mediale Aufmerksamkeit für dieses Ereignis war begrenzt, was möglicherweise auf das fehlende öffentliche Interesse und die geringe Zahl betroffener BürgerInnen zurückzuführen ist.

Im Stadtrat Vreden wurden Themen im Zusammenhang mit Vergnügungsstätten und Glücksspielbetrieben bereits mehrfach behandelt. Der Bau- und Planungsausschuss der Stadt legt besonderen Wert darauf, klare und transparente Regelungen für die Ansiedlung und den Betrieb solcher Einrichtungen festzulegen, um eine Überkonzentration zu vermeiden und eine geordnete Stadtentwicklung sicherzustellen. Ein spezifisches Vergnügungsstättenkonzept wurde in Vreden jedoch nicht implementiert. Stattdessen erfolgen die Steuerung und Genehmigung von Vergnügungsstätten im Rahmen bestehender städtebaulicher und baurechtlicher Vorgaben. Im Falle eines Antrags auf Eröffnung einer neuen Spielhalle oder eines Wettbüros wird geprüft, ob der Standort für eine solche Nutzung geeignet ist, wobei insbesondere städtebauliche und wohnbauliche Aspekte berücksichtigt werden.

In Bezug auf mögliche Verdrängungseffekte durch Vergnügungsstätten zeigt sich die Stadt Vreden insbesondere bei der Genehmigung von Standorten in Wohngebieten zurückhaltend. Darüber hinaus wird darauf geachtet, dass durch die Ansiedlung von Spielhallen keine negative Beeinträchtigung des Wohnumfeldes entsteht. So wurde beispielsweise eine Anfrage für eine Spielhalle abgelehnt, da für den betroffenen Standort eine vorrangige Wohnnutzung vorgesehen war. In der Innenstadt und im Stadtkern hingegen ist die Ansiedlung solcher Einrichtungen grundsätzlich erlaubt, wobei die Stadt stark darauf achtet, dass die bestehende Balance zwischen dem Stadtgebiet und den Auswirkungen der Spielstätten bestehen bleibt. Die Genehmigungsverfahren erfolgen in enger Abstimmung mit dem Bauordnungsamt des Kreises Borken, das als erste Instanz prüft, ob bauliche und städtebauliche Voraussetzungen für die Eröffnung von Vergnügungsstätten erfüllt sind. Erst nach dieser Vorprüfung wird der Antrag der Stadt Vreden zur finalen Genehmigung vorgelegt. Diese Zusammenarbeit gewährleistet, dass alle relevanten städtebaulichen und wirtschaftlichen Aspekte sorgfältig berücksichtigt werden, um potenzielle Verdrängungseffekte auf Wohnraum oder bestehende Unternehmen zu minimieren. Ebenfalls berücksichtigt die städtische Planung städtebauliche Aspekte wie Bodennutzungsplanung und (Lärm-)Emissionen, um sicherzustellen, dass Vergnügungsstätten keine negativen Auswirkungen auf das städtische Umfeld haben.

Hinsichtlich sicherheitsrelevanter Aspekte wie Kriminalität, Geldwäsche oder Überfällen gibt es in der Stadt Vreden keine Hinweise auf ein erhöhtes Risiko im Zusammenhang mit den bestehenden Spielhallen. Weder die Stadtverwaltung, noch die Polizei haben Auffälligkeiten verzeichnet, die auf einen Anstieg der Kriminalität durch diese Betriebe oder sie betreffend hindeuten. Die vom Ordnungsamt stichprobenmäßig durchgeführten Kontrollen ergaben ebenfalls keine Unregelmäßigkeiten oder Verstöße, was die Rechtmäßigkeit und Seriosität der Betriebe unterstreicht.

Die Stadt Vreden verfolgt einen ausgewogenen und präventiven Ansatz im Umgang mit Spielhallen und Wettbüros. Durch eine begrenzte Anzahl bestehender Einrichtungen, gezielte Prüfung neuer Anfragen und die Zusammenarbeit mit zuständigen Behörden wird ein städtebaulich und sozial verträgliches Umfeld geschaffen. Der Stadtrat und die Verwaltung haben ein hohes Bewusstsein für die potenziellen Auswirkungen solcher Einrichtungen auf das städtische Umfeld und berücksichtigen, eine Balance zwischen kommerziellen Interessen und den Interessen der Bevölkerung herzustellen. Der Mangel an öffentlichen Protesten, die geringe Kriminalität und die transparente Genehmigungspraxis spiegeln das Bemühen der Stadt wider, Vergnügungsstätten verantwortungsvoll zu regulieren. Insgesamt erscheint die Regelung der Vergnügungsstätten in Vreden stabil und im Einklang mit den städtischen Planungszielen zu sein.

9 Zusammenfassung

Die Anzahl der Spielhallen und Wettbüros ist in den letzten Jahren im Kreis Borken nahezu gleich hoch geblieben, bzw. leicht rückläufig. Eine Zäsur fand mit dem 2021 aufgelegten Glücksspielstaatsvertrag zum Online-Spielen statt. Hier kam es zu einer Verlagerung von stationären Anbietern zum Online-Spielen. Für die untersuchten sechs Kommunen ist nach wie vor auffällig, dass die Stadt Gronau mit neun Spielhallen und drei Wettbüros über die größte Anzahl dieser Vergnügungsstätten verfügt.

Tabelle 10: Gesamtanzahl an Spielhallen und Wettbüros

Kommune	Spielhallen	Wettbüros	Gesamt
Ahaus	5	1	6
Bocholt	6	2	8
Borken	5	1	6
Gronau	9	3	12
Stadtlohn	3	1	4
Vreden	2	-	2
Gesamt	30	8	38

Quelle: eigene Darstellung

Aufgrund der jeweils kleinen Grundgesamtheit ist die Berechnung des Verhältnisses Einwohner pro Spielhalle/Wettbüro mit Zurückhaltung zu interpretieren. Eine einzige Spielhalle mehr oder weniger würde im Ranking deutliche Auswirkungen zeigen. Dennoch kann auf deutliche Unterschiede hingewiesen werden, demzufolge die Spannweite von Gronau (4.160 : 1) bis Vreden (11.600 : 1) reicht. Vreden liegt als einzige der sechs untersuchten Kommunen unterhalb des Kreisdurchschnitts. Für alle weiteren, kleinen Kommunen gilt dies ebenfalls.

Tabelle 11: Verhältnis Einwohner pro Spielhalle/Wettbüro

Kommune	Einwohner[54]	Einw. pro Spiel-halle/Wettbüro
Gronau	49.944	4.160 zu 1
Stadtlohn	20.817	5.200 zu 1
Ahaus	40.378	6.730 zu 1
Borken	43.518	7.250 zu 1
Bocholt	72.008	9.000 zu 1
Kreis Borken	380.112	10.000 zu 1
Vreden	23.194	11.600 zu 1

Quelle: eigene Darstellung

Hinsichtlich der räumlichen Lage der Spielhallen und Wettbüros bestand für die einzelnen Kommunen die Schwierigkeit, eine eindeutige Verortung in Mischgebiet und Kerngebiet vorzunehmen. Daher wurden diese beiden Gebietskategorien als „außerhalb" (der Innenstadt) zusammengefasst. Insgesamt verteilen sich die 38 Spielhallen und Wettbüros jeweils zur Hälfte in die Bereiche Innenstadt und außerhalb der Innenstadt. Gronau fällt auch hier wieder mit einer besonderen Verteilung auf, da neun der 13 Vergnügungsstätten außerhalb der Innenstadt liegen. Als plausibel ist anzunehmen, dass eine rasche Verkehrsanbindung für die zahlenmäßig umfangreiche Kundschaft aus den Niederlanden ursächlich dafür verantwortlich ist. Das

---

[54] Statistisches Landesamt IT.NRW; Stichtag 30. Juni 2023

Interesse der niederländischen Gäste wird eher weniger mit zusätzlichem Shopping in der Gronauer Innenstadt verbunden.

Tabelle 12: Räumliche Lage der Spielhallen/Wettbüros

Kommune	Innenstadt	außerhalb
Ahaus	3	3
Bocholt	5	3
Borken	3	3
Gronau	4	9
Stadtlohn	2	1
Vreden	2	-
Gesamt	19	19

Quelle: eigene Darstellung

Obwohl eine räumliche Gleichverteilung von innerstädtischer Lage und Standorten in Misch- und Kerngebieten zu verzeichnen ist, dürfte die Wahrnehmung der Bevölkerung eher auf den Innenstadtbereich gelenkt sein, da die Gesamtfläche kleiner und damit die Häufigkeit des „Zusammentreffens" erhöht ist. Gleichzeitig erfolgt die Fortbewegung in der Innenstadt häufiger zu Fuß oder mit dem Rad, was die Wahrnehmungsintensität erhöht, im Gegensatz zur Fahrt mit dem PKW.

Die Bewertung der Gestaltung und des Zustands der Spielhallen sowie Wettbüros kann nur zusammenfassend erfolgen. Im Einzelnen sind dazu bereits Aussagen getätigt worden. Überwiegend präsentieren sich die Spielhallen und Wettbüros gepflegt, sauber und dezent. Der Begriff „dezent" trifft selbstverständlich nur bedingt auf eine Großraumhalle im Gewerbegebiet zu. Als Maßstab gelten die dazu im Verhältnis stehenden werblichen und ästhetischen Gestaltungsmaßnahmen und sind insofern relational zu verstehen. Insgesamt werden die gesetzlichen Vorgaben zur Außenwerbung eingehalten, die bspw. Blinklichter, Abbildungen von Spielautomaten oder Bezeichnungen wie "Casino" untersagen. Einige wenige Spielhallen (nicht Wettbüros) wirken im Vergleich ungepflegt und können je nach persönlichem ästhetischem Empfinden als abstoßend wahrgenommen werden.

10 Perspektiven

Spielhallen und Wettbüros als bereichernden Bestandteil des kommunalen Kulturangebotes aufzufassen, dürfte für die große Mehrheit der Bevölkerung und demzufolge auch für die kommunalpolitischen Akteure eine Zumutung darstellen.[55] Sowohl in der Verwaltung als auch quer durch die politischen Parteien überwiegt deutlich die Haltung einer Eindämmung bzw. Verhinderung weiterer derartiger Angebote. Die konkrete kommunalpolitische und verwaltungsrechtliche Praxis ist mitunter durch Widersprüchlichkeit gekennzeichnet. Deutlich wird das durch die Einnahmen der Vergnügungssteuer, versuchter Doppelbesteuerung und Ausgleichsabgaben bei fehlenden Parkplätzen.

Auf einer Stufenleiter kann dieses Vorgehen in der ersten und untersten Stufe auch als (resignative) Akzeptanz beurteilt werden. Wenn die Verhältnisse scheinbar nicht zu verändern sind, so die entsprechende Lesart, dann sollte wenigstens ein größtmöglicher finanzieller Nutzen aus den unerwünschten Spielhallen und Wettbüros gezogen werden.

---

[55] Vereinzelt äußern sich auf Landesebene PolitikerInnen verständnisvoll, verweisen auf die (vermeintlich) positiven gesamtökonomischen Effekte und machen sich Behauptungen der Glücksspielbranche zu eigen, in dem sie die Ausweitung des illegalen Spielens und Wettens kausal mit einem überregulierten legalen Angebot in Verbindung bringen. Legale Anbieter erführen demnach zu wenig „Unterstützung" (sic!). Siehe in diesem Kontext exemplarisch Uwe Dorendorf (MdL) unter www.uwe-dorendorf.de.

Grafik 14: Einnahmen durch Vergnügungssteuer in € (gerundet)

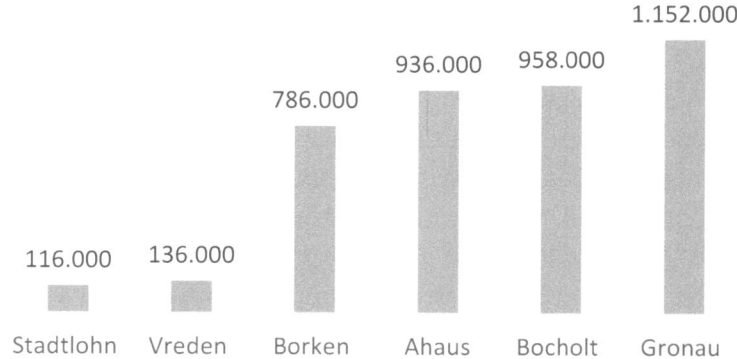

Quelle: Landtag NRW, Drucksache 17/7349, 09.09.2019,

Grafik 15: Vergnügungssteuer pro Einwohner in €

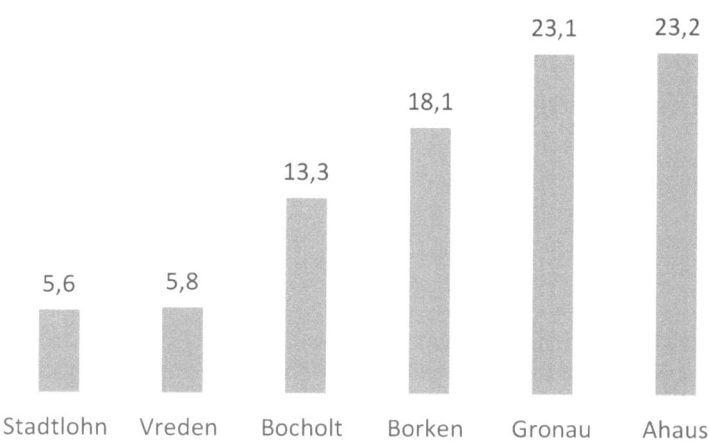

Quelle: Landtag NRW, Drucksache 17/7349, 09.09.2019; eigene Berechnung

Zusätzlich zur kommunal erhobenen Vergnügungssteuer hatten in NRW bspw. Dortmund und Hagen seit 2014 eine eigene Wettbürosteuer erhoben, die jedoch nach einer Klage mehrerer Wettbürobetreiber vor dem Bundesverwaltungsgericht als unzulässig angesehen wurde. Das Gericht begründete am 20.09.2022, die kommunale Steuer sei gleichartig mit der bundesrechtlich erhobenen Sportwettensteuer (siehe Anhang 2).

Eine weitere Auseinandersetzung zwischen Kommunen und Betreibern bezieht sich auf die Stadt Bremen, die am 01.07.2017 eine Wettbürosteuer als Unterart der bremischen Vergnügungssteuer einführte. Demnach beträgt die Steuer 60 Euro pro Bildschirm und pro angefangenen Kalendermonat. Die Reaktion der (bundesweit bekannten) Betreiberkette bestand daraufhin in der Anschaffung deutlich größerer Bildschirme.

Tabelle 13: Konflikte zwischen Kommunen und Wettbürobetreibern

Kommunen	Wettbürobetreiber
Besteuerung nach Spielumsatz Besteuerung nach Fläche	
	Erfolgreiche Klage vor dem Bundesverwaltungsgericht
Besteuerung nach Anzahl der Bildschirme	
	Installation von 84 und 98 Zoll Displays
Besteuerung nach Größe der Displays (Erwartung)	
	Klage (Erwartung)

In dieser Logik wäre wiederum als zukünftige Gegenreaktion der Kommune eine Besteuerung nach Bildschirmgröße und/oder Anzahl zu erwarten, was die juristische Spirale weiter fortführen könnte.

Die zweite Stufe ist gekennzeichnet durch die strategischen Zielstellungen der entwickelten und abgestimmten Vergnügungssteuerkonzepte. Damit verfügen bspw. die Kommunen Bocholt und Gronau über ein Instrument, das ein größeres Maß an Handlungs- und Gestaltungsfähigkeit ermöglicht.

Auf einer dritten Stufe ginge es nicht mehr unmittelbar um Spielhallen und Wettbüros, sondern um niedrigschwellige Alternativangebote durch sozio-kulturelle Zentren, Vereine und Gewerbetreibende.[56] Dem liegt die Überlegung zugrunde, dass sich (kommunal-)politische Kritik am Glücksspiel und an Wetten nicht ausschließlich an der ökonomischen Sorge vor Verschuldung, Beschaffungskriminalität und Beschädigung der Arbeitskraft orientieren kann.
Insofern stellen Alternativangebote selbstverständlich nicht die Lösung aller Probleme dar, sie sind jedoch eine bereichernde Ausdifferenzierung eines weiten Kulturbegriffs, die über die

---

[56] Die Begegnungs- und Familienbildungsstätten der Wohlfahrtsverbände bieten sich derzeit nicht zwingend an. Sie sind eher geprägt durch Angebote mit Weiterbildungsanspruch. Diese Konfiguration lässt derzeit wenig Raum für Konzepte wie sie sozio-kulturelle Zentren entwickelt haben. Abgesehen von der Arbeiterwohlfahrt, die aufgrund ihrer Tradition noch am ehesten anschlussfähig sein könnte, konzentrieren sich die Familienbildungsstätten der Kirchen, etwas zugespitzt formuliert, im Kreativ- und Bewegungs-Bereich auf Angebote wie „Textiles Gestalten", „Malen", „Kochen" und „Yoga". Die (biographische) Prägung und kulturelle Ausrichtung der Kursleiterinnen, so die plausible Annahme, dürfte eher weniger auf Billard-, Flipper-, Kicker- und Dartspielen ausgerichtet sein.

traditionelle Hochkultur und Mainstream-Populärkultur hinausgehen. Die Schwierigkeit, in politisch eher konservativ geprägten Kommunen Verständnis und Steuergeld aufzubringen, um Projekte des alternativen Milieus und/oder subkulturelle Angebote zu fördern, ist hinlänglich bekannt.[57] Wer die Landkarte sozio-kultureller Zentren in NRW betrachtet, wird feststellen, dass von Emsdetten über Münster, Marl-Sinsen und Oberhausen ein Bogen um den weißen Fleck Westmünsterland geschlagen wird (siehe www.soziokultur-nrw.de).

Beispielhaft sei auf das selbstverwaltete Jugend- und Kulturzentrum „Druckluft" in Oberhausen verwiesen, das jungen Menschen bis 27 Jahren ein kostenloses und niederschwelliges Angebot unterbreitet.

„Den Druckluft Jugendbereich findet ihr dienstags – donnerstags ab 15 Uhr hinten, im Holzhaus oder in der Kneipe vom Alten Café. Alle zwischen 16 und 27 Jahren sind herzlich Willkommen. Ihr könnt alleine vorbeischauen, oder gemeinsam mit euren Freunden und hier Billard, Dart oder Kicker spielen. Außerdem gibt es dienstags abends kostenlos um 18:00 Uhr leckeres veganes Essen und auch sonst muss hier niemand etwas trinken oder essen, um bei den Angeboten dabei sein zu dürfen. Kaffee, Tee und Wasser bekommen alle unter 27 Jahren ebenfalls kostenlos." (www.druckluthaus.de)

---

[57] Hingewiesen sei auf die seit den 1980er Jahren ausgetragenen Auseinandersetzungen um die Nutzung öffentlicher Räume für das Skateboarden. Sie verweisen auf den Konflikt zwischen tradierter Ordnung und jugendkultureller Stadtnutzung. Aufschlussreich ist zu dieser Thematik die Dissertation von Christian Peters: Skateboarding Ethnographie einer urbanen Praxis, Münster 2016, in der es unter anderem auch um den Konflikt zwischen Einzelhandel und Skaterszene geht.

Abb. 17: Selbstverwaltetes Jugend- und Kulturzentrum Druckluft (Oberhausen)

Quelle: www.soziokultur-nrw.de; Druckluft e.V.

Zusätzlich zu den sozio-kulturellen Zentren, die in der Regel als Verein organisiert sind, finden sich ebenfalls Vereine, die sich hauptsächlich auf die Förderung und den Erhalt von Spielen konzentrieren.

In Gronau verfügt der Verein „Pinball 4 fun" über Vereinsräumlichkeiten. Jeden 2. und 4. Samstag im Monat öffnet der Verein seine Räumlichkeiten von 18:00 - 24:00 Uhr und zusätzlich an einigen Sonntagen von 14:00-18:00 Uhr (www.pinball4fun.de). Im Gegensatz zu Spielhallen wird das Angebot dort häufiger von Frauen wahrgenommen (siehe exemplarisch Abb. 18). Mit der nicht kommerziell verbundenen Vereinsgründung, der historisch-technischen Orientierung sowie der Ausrichtung von überregional wahrgenommenen Veranstaltungen (siehe Abb. 19) ist eine positive Haltung der lokalen Öffentlichkeit verbunden, die sich deutlich von den üblichen Ressentiments der 1970er Jahre unterscheidet.

Abb. 18: Homepage Pinball 4 fun e.V. Gronau

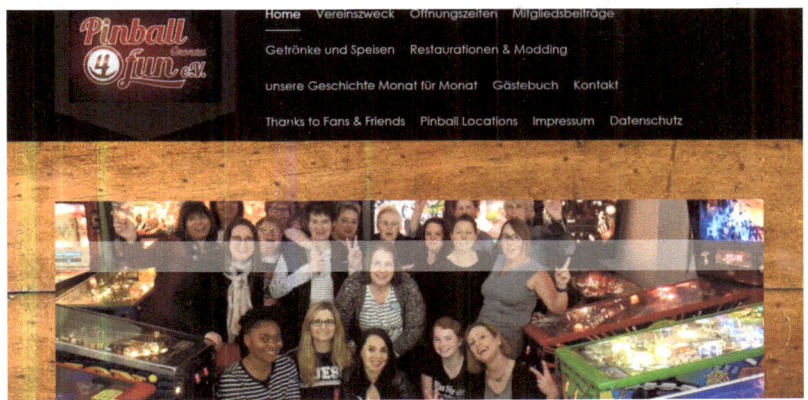

Quelle: Screenshot www.pinball4fun.de

„Ziel des Vereins ... ist es, das Publikum über historische, technische und künstlerische Aspekte der Flipperautomaten zu unterrichten und zu informieren. Daneben gilt es natürlich auch, die Geräte im freien Spiel zu erleben und zu erfahren. Dabei wirst Du erkennen, dass es sich beim Flipper keineswegs um ein Glücksspiel, sondern vielmehr um ein Geschicklichkeitsspiel handelt. Darüber hinaus restaurieren und reparieren wir die oftmals mehr als 40 Jahre alten Geräte, um den Erhalt einer ganzen Kultur weiterhin zu ermöglichen. Früher fand man Flipperautomaten in jeder Gaststätte, heute sind diese schönen Geräte leider fast ganz aus der Öffentlichkeit verschwunden. Bei uns findest Du jedoch die Möglichkeit, Jugenderinnerungen wieder aufleben zu lassen, in dem wir die Geräte in entsprechender Atmosphäre der Ära dieser einst so beliebten Automaten präsentieren." (www.pinball4fun.de)

Abb. 19: Plakat zur Deutschen Flippermeisterschaft in Gronau 2024

Quelle: www.flipperverein.de

Ein weiterer Verein, der jüngst von Vreden nach Ahaus umgezogen ist, stößt dort auf ein ebenso positives Umfeld wie zuvor Pinball 4 fun in Gronau und avanciert im medialen Kontext sogar zur „Attraktion". So titelten die Westfälischen Nachrichten am 04.02.2024 „Retro Nerds machen Ahaus zu Videospiel-

Mekka. Ahaus ist um eine Attraktion reicher." Auf etwa 400 Quadratmetern präsentiert der Verein die Geschichte der Videospiele, Arcade-Automaten und Flipper.

„Wurde der Fokus in Vreden zum großen Teil noch auf das reine Spielen gelegt, kommt in Ahaus auch eine Museumskomponente hinzu. In Zukunft wird der Besucher die Wahl haben zu spielen oder tief in die Vergangenheit der Geräte abzutauchen, und mehr über die interessante Geschichte der Videospielekultur zu erfahren. In der neuen Location wird der Verein sich auch nicht nur auf „alte" Automaten beschränken, sondern die Geschichte bis zu den modernsten Geräten weitererzählen. ... Muss ich Geld in die Automaten werfen? Natürlich nicht! Wir sind keine „Spielhalle", sondern mehr ein bespielbares Museum. Alle unsere bespielbaren Ausstellungstücke sind mit Coin-Tastern versehen, oder auf Freispiel eingestellt." (www.retronerds-muensterland.de)

Als eine zusätzliche Alternative zu herkömmlichen Spielhallen präsentieren sich kommerzielle Anbieter, deren Unternehmensstrategie explizit auf den Spielcharakter ausgelegt ist. In dieser Logik werden auch so genannte Flatrates angeboten, die für einen überschaubaren Geldbetrag mehrstündiges spielen ermöglichen. Exemplarisch anzuführen ist der Betreiber „Multiball" in Langwedel, südwestlich von Bremen.

Mit einem typischen, im Superlativ gehaltenen Marketingtext werden die potentiellen Kunden angesprochen: „Offene Spieltage - Erfrischende Abende voller Spielspaß und einzigartiger Atmosphäre erwarten euch bei unseren offenen Spieltagen, mittwochs, freitags und samstags ... Taucht ein in eine Welt voller Unterhaltung und probiert euch an über 20 Flippern, Kickern, Darts ..., Billardtischen und Arcadeautomaten aus – so oft ihr möchtet." (www.multiball.de)

Abb. 20: Kommerzieller Anbieter für Billard, Dart, Flipper und Kicker

Quelle: Screenshot www.multiball.de

Zu den bereits erwähnten sozio-kulturellen Zentren, Vereinen und kommerziellen Anbietern können noch weitere Akteure hinzugezählt werden, die sich des Themas (Glücks-)Spiel in unterschiedlicher Weise annehmen. Grafik 16 zeigt die Bandbreite sowohl zwischen gemeinnützigen und kommerziellen Anbietern auf, als auch zwischen Aktivität und Passivität der SpielerInnen.[58]

Im Unterschied zu kommerziellen Unternehmensstrategien beinhalten die Leitbilder der gemeinnützigen Träger (Wohlfahrtsverbände, Kirchen, gemeinnützige GmbHs) in der offenen Jugendhilfe (vielfach auch für junge Erwachsene bis 27 Jahren) Ziele, die an niedrigschwellige Angebote, Freiwilligkeit und Zielgruppenorientierung angelehnt sind.

---

[58] Je nach Angebotsvielfalt kann sich für SpielerInnen ihr Aktivitätsgrad in Spielhallen (z.B. mit Billard) oder Casinos (mit Karten- und Würfelspielen) erhöhen.

Grafik 16: Ausgewählte Anbieter nach Aktivitätsgrad sowie Gemeinnützigkeit und Kommerzialisierung

Quelle: eigene Darstellung

Eine voraussetzungslose Anerkennung der Person, verbunden mit Unterstützungsleistungen kann in diesem Kontext eher einen Personenkreis erreichen, der von den Vereinen mitunter nicht erreicht wird, weil sie insbesondere im organisierten Trainings- und Spielbetrieb eine regelmäßige und verpflichtende Teilnahme voraussetzt, die ein Teil der Personen (noch) nicht zu leisten im Stande ist. Je nach Kommune sind diese Angebote unterschiedlich umfangreich und vielfältig ausgeprägt.

Die Thematisierung dieser Ausprägung verweist schließlich auf die vierte Stufe, die nach dem Charakter des Gemeinwesens fragt und der damit verbundenen Daseinsvorsorge. Finanzielle Schwierigkeiten der Kommunen sind zumeist nicht selbstverschuldet, sondern externen Faktoren geschuldet. Ein Bereich verdient in diesem Zusammenhang noch eine kritische Anmerkung. Insofern der Staat, über die Bundesländer den Kommunen pflichtige Aufgaben auferlegt, gleichzeitig aber durch eine zu geringe finanzielle Ausstattung gegen das Konnexitätsprinzip verstößt, werden die Kommunen sukzessive in ihrer Gestaltungfähigkeit eingeschränkt.[59] Selbstverständlich kann über ehrenamtliches Engagement viel aufgefangen (und entwickelt) werden. Langfristig wirkt sich eine Unterfinanzierung jedoch negativ auf das Gemeinwesen aus.[60]

Die vierte Stufe bezieht sich auf die sozioökonomische Kohäsion von Gemeinwesen. Eine lebhafte, alle Bürger ansprechende Stadtkultur ginge aus der Perspektive von Politik, Verwaltung und Stadtmarketing über ein Konzept der überwiegenden Orientierung auf Citymanagement und der Fokussierung auf einen Konsumraum deutlich hinaus. Demzufolge wären BürgerInnen und Gäste der Stadt nicht auf ihre Funktion als Kunden zu reduzieren. Geldautomatenspielen und Wetten der kommerziellen Anbieter mit ihrem uneingelösten Versprechen, wäre demnach mit den möglichen bzw. vorhandenen Mitteln der Kommunen durch ein gelingendes und vielfältiges Gemeinwesen zu begegnen.

---

[59] Populär ausgedrückt bedeutet das Konnexitätsprinzip: „Wer bestellt, muss auch zahlen."
[60] Als politische Zusammenschlüsse können in dieser Hinsicht der Städte- und Gemeindebund sowie der Deutsche Städtetag zur legitimen Durchsetzung der kommunalen Interessen agieren.

Grafik 17: Stufenleiter zum Umgang mit Spielhallen und Wettbüros

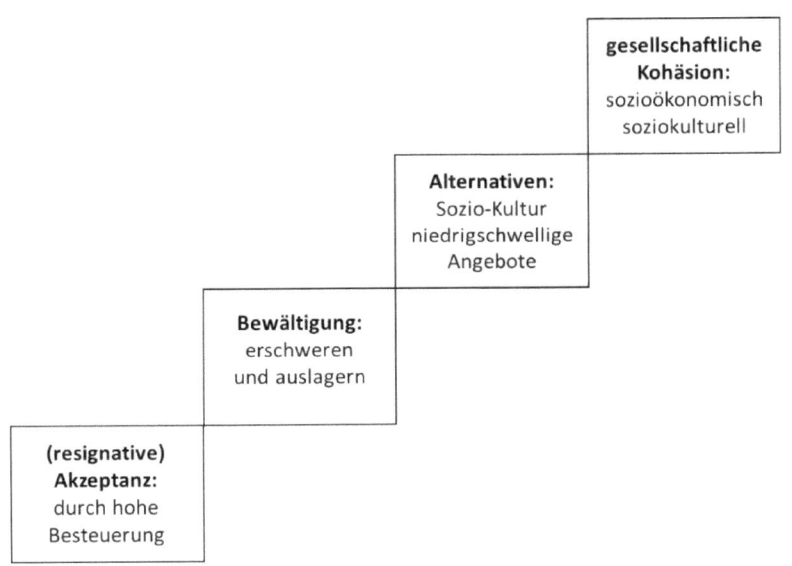

Quelle: eigene Darstellung

Abschließende Anmerkungen

Fiedler (2016) empfiehlt ein Verbot des gewerblichen Automatenspiels. Aus ordnungspolitischen Überlegungen mag das eine naheliegende und verlockende Überlegung sein, der spontan zugestimmt werden könnte. Was wäre mit einem Verbot, um in der Genresprache zu bleiben, gewonnen? Vier unterschiedlich ausgeprägte Konsequenzen bieten sich dazu an.

Ein Großteil der „Glücksspiel"- und Wettaktiven verlagert sein Engagement ins Internet und nutzt, unter Umgehung der deutschen Gesetzeslage, Angebote ausländischer Akteure. Eine Minderheit verschafft sich Zugang zum stationären illegalen Milieu.

Ein kleiner Teil der enttäuschten NutzerInnen stellt seine/ihre Aktivitäten ein und zieht sich zurück. Und schließlich wird ein nennenswerter Anteil das Verbot kompensieren und sich auf Alternativen verlagern wie bspw. Spielbanken, Billardcafés und staatlich organisierte Wettangebote.

Argumentiert werden soll abschließend nicht aus einer volkswirtschaftlichen Kosten-Nutzen-Sicht, wie sie Fiedler (2016) vorgenommen hat und von Haase (2017) methodisch kritisiert wurde. Die hier vorgetragene Kritik erfolgt vielmehr aus einer kultursoziologischen Perspektive. Gegen das Geldautomaten"spiel" und ihre Betreiber sowie Hersteller richtet sich die Kritik der Täuschung und das damit verbundene falsche Versprechen, die NutzerInnen könnten an den Automaten „spielen". Damit diese Suggestion überhaupt gelingen kann, bedarf es der Präsentation allerlei bunter und blinkender Ablenkungen, beeinflussender Raumkonzepte, häufiger und unerwarteter geringer Gewinnanfütterungen usw., um so die notwendige Selbstsuggestion entstehen zu lassen, die das Imitat als (vermeintliches) Spiel anerkennt. Die Redundanz der Start- und Stoppgebung verlässt das Niveau der Bedienung eines Automaten nicht. Der mögliche Gewinn erzeugt sich daher nicht über eine wie auch immer ausgeprägte Spielfähigkeit, sondern durch einen nicht beeinflussbaren Algorithmus. Damit löst sich der Geldgewinn vom konkreten Spiel und der Qualifikation des beteiligten „Spielers"/der „Spielerin", wie es anders bspw. beim Pokern oder Dart der Fall ist. Die Fixierung auf den Geldgewinn wird zum bloßen Abstraktum.

Der durchschnittliche Verlust von 20 € pro Stunde an Geld"spiel"automaten sollte als symbolischer Verweis auf den Mindestlohn pro Stunde herabgesenkt und der maximale Gewinn pro Stunde von derzeit 400 € auf das Tageseinkommen eines Mindestlohnbeziehers reduziert werden. Solange die

Automaten keine reale Spielmöglichkeit anbieten, bspw. über eine selbst zu bedienende „Geschicklichkeitswalze" nach (!) den Algorithmus gesteuerten Walzendrehungen, wäre jedem Geld"spiel"automat ein qualifiziertes Spiel (Dart, Billard, Flipper, Kicker etc.) als Alternative beizustellen. Demnach wäre das Verhältnis in einer Spielhalle 6 Automaten zu 6 Spielangeboten. Im Gegenzug, VertreterInnen der Automatenindustrie und Betreiber stehen kurz vor der Schnappatmung, wäre die Glücksspielsteuer zu halbieren und die Vergnügungssteuer um 25 % abzusenken!

Eine langfristige Fixierung auf den Geldgewinn führt tendenziell zu einer Verengung der Interessen, Abnahme sozialer Kompetenzen und einer Vernachlässigung persönlicher Entwicklung zugunsten rein materieller Ziele. Hatte die Wette aufgrund individuell angeeigneter Kenntnisse und Erfahrungen über ebenfalls sportinteressierte (und zusätzlich mathematisch begabte) Buchmacher einen konkreten Bezug zur sportkulturellen Praxis, so hat sich ein Großteil der Wetteinsätze davon inzwischen abgelöst. Aus der informationsbasierten spannungserhöhenden, evtl. auch nur emotional verleiteten Wette ist zumeist ein systematisch kalkuliertes Zocken bis Hasardieren geworden. Die absurde Ausweitung an „Wett"möglichkeiten mag das Marketing als Produktdiversifikation in Breite und Tiefe etikettieren. Gleichzeitig wird damit jedoch das sportkulturelle Desinteresse offengelegt. Wetten sollten zugunsten des Sportspiels auf Ergebnisse (und Teilergebnisse) beschränkt bleiben, die eine Manipulation durch SpielerInnen und SchiedsrichterInnen weitgehend ausschließt. Damit würden recht einfach umzusetzende, aber kaum auffällige Manipulationen wie bspw. „gelbe Karte in den ersten 30 Minuten" entfallen.

Die Kritik an „Spiel"hallen sowie Wettbüros und die damit verbundene Branche richtet sich nicht gegen deren bloße Existenz. Vielmehr sind es die uneingelösten Versprechungen, die sich als problematisch erweisen. Damit sind sie nicht per se die „schwarzen Schafe" der Stadtkultur, um den Titel des Buches abschließend aufzugreifen. Um im metaphorischen Sprachduktus zu bleiben, ist es vielmehr die Qualität der angebotenen Wolle die einen „kratzt".

In Überwindung des vortäuschenden (Online-)Werbeslogans „Drück Glück", wären stattdessen Verhältnisse obligat, die das gemeinsame spielerische Erschaffen von temporärer Erfüllung ermöglichen, getreu dem Motto:

„Macht euer Glück!".

11 Quellenverzeichnis

ACOCELLA Stadt- und Regionalentwicklung: Vergnügungs-
stättenkonzeption für die Stadt Gronau, Dortmund 2015

ACOCELLA Stadt- und Regionalentwicklung: Fortschreibung
des Vergnügungsstättenkonzeptes für die Stadt Bocholt,
Dortmund 2021 (erstmals 2011)

AMIRKHIZI, Mehrdad: Bastian Schweinsteiger wirbt für faire
Regeln beim Glücksspiel, 17.10.2018, link: www.hori-
zont.net/marketing/nachrichten/deutsche-automatenwirt-
schaft-bastian-schweinsteiger-wirbt-fuer-spielhallen-
170419

BANZ, Markus; BUNDESZENTRALE FÜR GESUNDHEITLI-
CHE AUFKLÄRUNG: Glücksspielverhalten und Glücksspielsucht in Deutschland. Ergebnisse des Surveys 2019
und Trends, Köln 2019

BARTH, Sebastian: Nach Razzien in Ludwigshafen. Beschlag-
nahmte Glücksspielautomaten in Ludwigshafen zerstört,
28.01.2025, link: www.swr.de/swraktuell/rheinland-
pfalz/ludwigshafen/illegale-gluecksspiel-automaten-mit-
vorschlaghammer-vernichtet-100.html

BAYERISCHER LANDTAG, Schriftliche Anfrage des Abgeord-
neten Thomas Mütze (BÜNDNIS 90/DIE GRÜNEN) und
Antwort der Landesregierung, Drucksache 17/21738,
03.09.2018

BECKER, Sven, et al.: Die schmutzigen Geschäfte des Wettan-
bieters Tipico, 18.05.2021, link: www.spiegel.de/wirt-
schaft/unternehmen/tipico-die-schmutzigen-geschaefte-
des-wettbieters-a-85cd4a29-0002-0001-0000-
000177693579

BONENGEL, Timo: „A nice mellow war"? Drogen im Vietnamkrieg 1965-1973, Erfurt 2014

BORGGREFE, Carmen: Schriftliche Stellungnahme im Rahmen der öffentlichen Anhörung zum Thema „Entwicklung
des E-Sports in Deutschland", 28.11.2018, Sportausschuss
des Deutschen Bundestages, Ausschussdrucksache
19(5)068

BRAUN, Karl-Heinz; GEKELER, Gert: Drogenarbeit: Fallstudien, subjektive Widerspruchsverhältnisse, Handlungsstrategien, S. 34-84, in: Weber, Klaus (Hrsg.): Sucht, Hamburg 2011 (erstmals 1987)

BRONDER, Thomas: "Spiel, Zufall und Kommerz - Theorie und Praxis des Spiels um Geld zwischen Mathematik, Recht und Realität", Wiesbaden 2016

BÜHRINGER, Gerhard: Stellungnahme zum Gesetzentwurf der Landesregierung, Drucksache 17/8796, Gesetz über die Zulassung öffentlicher Spielbanken im Land Nordrhein-Westfalen, 21.04.2020, link: www.landtag.nrw.de

BUNDESZENTRALE FÜR GESUNDHEITLICHE AUFKLÄRUNG (Hrsg.): Glücksspielverhalten und Glücksspielsucht in Deutschland. Ergebnisse des Surveys 2015 und Trends. Ergebnisbericht, Köln 2016

BUTH, Sven; MEYER, Gerhard; KALKE, Jens: Glücksspielteilnahme und glücksspielbezogene Probleme in der Bevölkerung. Ergebnisse des Glücksspiel-Survey 2021, Institut für interdisziplinäre Sucht- und Drogenforschung (ISD), Hamburg 2022

BUTH, Sven; MEYER, Gerhard; ROSENKRANZ, Moritz; KALKE, Jens: Glücksspielteilnahme und glücksspielbezogene Probleme in der Bevölkerung. Ergebnisse des Glücksspiel-Survey 2023, Institut für interdisziplinäre Sucht- und Drogenforschung (ISD), Hamburg 2024

CAILLOIS, Roger: Die Spiele und die Menschen: Maske und Rausch, Berlin 2017 (erstmals 1958)

DAVIES, James: Cracked. Why psychiatry is doing more harm than good, London 2013

DAVIS, Laurene C.; DIIANNI, Alexa T.; DRUMHELLER, Sydney R.; ELANSARY, Noha N.; AMBROZIO, Gianna N.; HERRAWI, Farahdeba; PIPER, Brian J.; COSGROVE, Lisa: Undisclosed financial conflicts of interest in DSM-5-TR: cross sectional analysis, in: The British Medical Journal 01/2024

DEUTSCHE HAUPTSTELLE FÜR SUCHTFRAGEN (Hrsg.):
Glücksspielen. Sportwetten, Spielautomaten, Roulette, Online-Glücksspiele. Suchtrisiko bei jungen Migranten, Hamm 2018

DEUTSCHE HAUPTSTELLE FÜR SUCHTFRAGEN (Hrsg.):
DHS Jahrbuch Sucht 2024, Hamm 2024

DICE CONSULT: Entwicklung der Kanalisierungsquote des gewerblichen Automatenspiels in Deutschland (Studie im Auftrag des Verbandes der Deutschen Automatenindustrie - Verlags- und Veranstaltungsgesellschaft), Düsseldorf 2023

DIETL, Helmut: Wettanbieter nutzen den Output des Fussballs ohne Gegenleistung, 05.01.2010, in: Neue Zürcher Zeitung

DREWS, Nikolai; WUKETICH, Marius: Ambivalenzen des Glücksspiels aus soziologischer Perspektive S. 25-43, in: Wöhr, Andrea; Wuketich, Marius (Hrsg.): Multidisziplinäre Betrachtung des vielschichtigen Phänomens Glücksspiel. Festschrift zu Ehren des 65. Geburtstags von Prof. Dr. Tilman Becker, Wiesbaden 2019

DRÖGE, Franz; KRÄMER-BADONI, Thomas: Die Kneipe. Zur Soziologie einer Kulturform oder „Zwei Halbe auf mich!" Frankfurt 1987

EISENBERG, Christiane: English Sports und deutsche Bürger. Eine Gesellschaftsgeschichte 1800-1939, Paderborn 1999

ELIAS, Norbert; DUNNING, Eric: Sport im Zivilisationsprozess, Münster 1982

ERLENKÄMPER, Jonas: Schweinsteiger bekommt heftige Kritik für Glücksspielwerbung, 03.11.2018, link: www.morgenpost.de/panorama/article402005293/schweinsteiger-bekommt-heftige-kritik-fuer-gluecksspielwerbung.html

EVERS, Marco: Medizingeschichte. Viel Spaß mit Heroin, 25.06.2000, link: www.spiegel.de/wissenschaft/viel-spass-mit-heroin-a-7cf2b129-0002-0001-0000-000016748368

FEY, Marshall: Slot machines: A pictorial history of the first 100 years of the world's most popular coin-operated gaming device, Reno (Nevada/USA) 1989

FARIN, Klaus: generation kick.de. Jugendkulturen heute, München 2001

FARIN, Klaus: Irrtümer, 2010, link: www.bpb.de/geschichte/zeitgeschichte/jugendkulturen-in-deutschland/36237/irrtuemer

FICHTNER, Avi: Geschichte des Glücksspiels in Deutschland, 28.10.2024, link: www.spielbank.com.de/geschichte-gluecksspiel-deutschland.html

FIEDLER, Ingo: Die sozialen Kosten der Verhaltenssüchte, S. 2-7, in: Neuro Transmitter 2014; 25 (6)

FIEDLER, Ingo: Glücksspiele. Eine verhaltens- und gesundheitsökonomische Analyse mit rechtspolitischen Empfehlungen, Frankfurt/M. 2016a

FIEDLER, Ingo: Verhaltens- und gesundheitsökonomische Analyse des Glücksspiels, 6. Fachtagung zu Glücksspiel & Spielerschutz: „Spielsucht – verschiedene analytische, präventive und therapeutische Ansätze", Bundesministerium für Finanzen, Wien 23.11.2016b

FROMMANN, Stefan: Der gute alte Flipper, 02.06.2023, Die Welt

FUCHS, Thorsten: Suchtexperten warnen vor neuen Regeln für Spielautomaten, 10.09.2019, link: www.rnd.de/panorama/suchtexperten-warnen-vor-neuen-regel-fur-spielautomaten-OMB7K2ZGXJDKVA57UWJK7RREDM.html

GAUCK, Joachim, www.bundespraesident.de/SharedDocs/Reden/DE/Joachim-Gauck/Reden/2012/06/120612-Bundeswehr.html

GEMEINSAME GLÜCKSSPIELBEHÖRDE DER LÄNDER: Tätigkeitsbericht 2023, Halle (Saale) 2024a

GEMEINSAME GLÜCKSSPIELBEHÖRDE DER LÄNDER: Regulierung Online-Glücksspielmarkt: Rückblick 2024 auf Erfolge und Herausforderungen, 23.12.2024b, link: www.gluecksspiel-behoerde.de/de/news/regulierung-online-gluecksspielmarkt-rueckblick-2024-auf-erfolge-und-herausforderungen

GILES, Rosemarie: Why Many American Cities Outlawed Pinball After Pearl Harbor, 08.02.2023, link: www.thevintagenews.com/2023/02/08/pearl-harbor-pinball/

GLASHÜTTNER, Robert: Flipperautomaten Glamouröse Oldtimer der Games-Kultur, 01.02.2015, link: www.spiegel.de/netzwelt/games/flipperautomaten-glamouroese-oldtimer-der-videospielhalle-a-1015732.html

GODDEMEIER, Christof: Diskrimination und Validität: Normale Trauerreaktion oder depressive Störung?, S. 561-562, in: Deutsches Ärzteblatt 12/2008

GRAUVOGL, Alexandra: Wie viel haben die Deutschen im Urlaub zugenommen?, 30.09.2022, link: www.fitbook.de/ernaehrung/wie-viel-haben-die-deutschen-im-urlaub-zugenommen

GÜLDNER, Johannes: Geldwäsche im landgebundenen Glücksspielbereich: Risiken, Regelungen, Richtungsvorschläge (Schriftenreihe zur Glücksspielforschung, Band 24) Berlin 2023

HAASE, Henning, Das fragwürdige Geschäft mit der Statistik am Beispiel der Glücksspiel(Sucht)Branche, S. 404 bis 412, in: ZfWG, 6/2016

HAMACHER, Claus; MÜLLER, Carl Georg: Entwicklung der kommunalen Aufwandsteuern, 2022, link: www.kommunen.nrw/themen-projekte/schwerpunkt-hh-umfrage-2022-teil-2.html

HAUCAP, Justus: Glücksspielregulierung aus ordnungsökonomischer Perspektive, Düsseldorf 2021 (Universität Düsseldorf)

HEBBEN, Miriam: Wettanbieter Tipico geht mit Oliver Kahn auf Nummer sicher, 08.08.2013, link: www.horizont.net/marketing/nachrichten/Testimonials-Wettanbieter-Tipico-geht-mit-Oliver-Kahn-auf-Nummer-sicher-116072

HECKLER, Bernhard: Hoch die Schals und auf die Texttafel schielen, in: Süddeutsche Zeitung 10.03.2025

HENZGEN, Daniel; MEIER, Dominik: Der Mensch, das Spiel und der Zufall. Eine historisch-systematische Annäherung an die Faszination des Gewinnspiels, Wiesbaden 2024

HERING, Roma: Unterstützung für suchtkranke Lehrkräfte. Haben wir wirklich kein Problem?, S. 22-23, in: Neue Deutsche Schule 06/07-2017

HERRMANN, Konstatin: Sportwetten – Im Spannungsfeld zwischen Illusion, Risiko und Rationalität Eine empirische Untersuchung zum sportbezogenen Wettverhalten, Saarbrücken 2020 (Dissertation Universität des Saarlandes)

HESS, Claudia; ZUBAYR, Camille: Ergebnisse der ARD/ZDF-Programmanalyse 2022. Programmprofile von Das Erste, ZDF, RTL, VOX, Sat.1 und ProSieben, S. 1-8, in: Media Perspektiven 15/2023

HOPP, Michael P.; PARNICKE, Peter: Spektakel, Schau & Hightech-Power. Historisches & Kurioses aus vier Jahrhunderten Oldenburger „Krahmer=Marckt", Oldenburg 2007

HOYME, Simon: Tatort Eckkneipe. Auf den Spuren der Glücksspiel-Mafia, 07.10.2024, www.ndr.de/fernsehen/sendungen/ndrstory/Tatort-Eckkneipe-Auf-den-Spuren-der-Gluecksspiel-Mafia,sendung1480754.html

HUIZINGA, Johan: "Homo ludens - Vom Ursprung der Kultur im Spiel", Reinbek bei Hamburg 1981 (erstmals 1938)

IW CONSULT: Die volkswirtschaftliche Bedeutung der Unterhaltungsautomatenwirtschaft 2022, Köln 2024, link: www.iwconsult.de/projekte/die-volkswirtschaftliche-bedeutung-der-unterhaltungsautomatenwirtschaft/

JACOBEIT, Sigrid; JACOBEIT, Wolfgang: Illustrierte Alltags- und Sozial-geschichte Deutschlands 1900-1945, Münster 1995

JAHODA, Marie; LAZARSFELD, Paul F.; ZEISEL, Hans: Die Arbeitslosen von Marienthal. Ein soziographischer Versuch über die Wirkungen langandauernder Arbeitslosigkeit, Frankfurt/a.M. 1933/2014 (24. Aufl.)

JASNY, Johannes: Eine dynamische Analyse der Angebotsstruktur von Geldspielgeräten, S. 129-139, in: Wöhr,

Andrea; Wuketich, Marius (Hrsg.): Multidisziplinäre Betrachtung des vielschichtigen Phänomens Glücksspiel. Festschrift zu Ehren des 65. Geburtstags von Prof. Dr. Tilman Becker, Wiesbaden 2019

JURK, Charlotte: Der niedergeschlagene Mensch. Depression. Geschichte und gesellschaftliche Bedeutung einer Diagnose, Münster 2008

KEMP, Cornelia; GIERLINGER, Ulrike (Hrsg.): Wenn der Groschen fällt... Münzautomaten – gestern und heute, München 1988

KLAUS, Julia: Esoterik. Wer am Geschäft mit dem Seelenheil verdient, 20.07.2017, in: Süddeutsche Zeitung

KLEMME, Marion: Transformation der Innenstädte: zwischen Krise und Innovation, Informationen zur Raumentwicklung 2/2022

KOCKEL, Richard: Die Grundzüge der sachverständigen Prüfung von Geldspielautomaten, Braunschweig 1910, link (auszugsweise):

KOHL, Helmut: Regierungserklärung in der 182. Sitzung des Deutschen Bundestags zur Zukunftssicherung des Standorts Deutschland, 21. Oktober 1993

Kreispolizeibehörde Borken: Kriminalitätsstatistik 2023 der Kreispolizeibehörde Borken, link: www.polizei.nrw/sites/default/files/2024-04/presseinformation_pks_2023.pdf

KREUZER, Piet: Finanzen im Profifußball. Wenn Vereine und Kommunen voneinander abhängen, 29.08.2021, link: www.deutschlandfunk.de/finanzen-im-profifussball-wenn-vereine-und-kommunen-100.html

LANDTAG NRW, Drucksache 17/7349, 09.09.2019, link: www.landtag.nrw.de/portal/WWW/dokumentenarchiv/Dokument/MMD17-7349.pdf

LÖWENBERGER, Sabine: Die Entstehung des Automatenspiels, 03.01.2023, link: www.jackpotpiraten.de/wissen/die-entstehung-des-automatenspiels

MAASE, Kaspar: Grenzenloses Vergnügen. Der Aufstieg der Massenkultur 1850-1970, Frankfurt/M. 1997

MERZ, Friedrich, 29.09.2024, link: www.bild.de/politik/inland/cdu-kandidat-merz-erklaert-seinen-plan-was-habe-ich-davon-wenn-sie-kanzler-werden-66f79ea8ee5af53f9b20517e

MEYER, Gerhard; BACHMANN, Meinolf: Spielsucht. Ursachen und Therapie. Berlin 2005 (2. Auflage)

MEYER, Gerhard; BACHMANN, Meinolf: Spielsucht. Ursachen, Therapie und Prävention von glücksspielbezogenem Suchtverhalten, Berlin 2017 (4. Auflage)

MEYER, Gerhard; GIRNDT, Lydia; BROSOWSKI, Tim; HAYER, Tobias: Früherkennung von Problemspieler*innen an Geldspielautomaten: Praxistest zur Validierung eines Screening-Instruments Abschlussbericht an das Bundesministerium für Gesundheit, Bremen 2018

MEYER, Gerhard; KALKE, Jens; BUTH, Sven; LILJEBERG, Holger: Stellungnahme zum Gutachten „Qualitätsanforderungen an Studien zur Ableitung von Regulierungsmaßnahmen: Kritische Evaluation des Glücksspiel-Surveys 2021" von Katharina Schüller, 2023, link: www.isa-guide.de/isa-spielerschutz/articles/278647.html

MEYER, Gerhard: Glücksspiel – Zahlen und Fakten, S. 67-86, in: Deutsche Hauptstelle für Suchtfragen (Hrsg.): Jahrbuch Sucht 2024, Lengerich 2024

MUNZEL, Lisa: Die öffentliche Wahrnehmung des Glücksspiels und der damit assoziierten Suchtgefahren: Eine kulturgeschichtliche Analyse, Oldenburg 2016 (Masterarbeit Univ. Oldenburg), link: www.gluecksspiel.uni-hohenheim.de/fileadmin/einrichtungen/gluecksspiel/Forschungsarbeiten/2016_MA_LMunzel.pdf

PATALONG, Frank: Arbeiterkneipen im Kaiserreich. Suff und Subversion, 31.12.2020, link: www.spiegel.de/geschichte/kaiserreich-warum-die-polizei-in-arbeiterkneipen-umstuerzler-vermutete-a-00000000-0002-0001-0000-000173991067

PETERS, Christian: Skateboarding. Ethnographie einer urbanen Praxis, Münster 2016

PICHER, Gerald: Sportwetten Geschichte – Wetten im Wandel der Zeit, link: www.sportwettentest.net/sportwetten-geschichte/#Englische_Buchmacher

PFNÜR, Andreas; RAU, Jonas: Working Paper Transformation der Innenstädte - Empirische Studie bei privaten Haushalten Teil I: Nutzungskonzepte deutscher Innenstädte Arbeitspapiere zur immobilienwirtschaftlichen Forschung und Praxis, Band 52, 03/2024, Universität Darmstadt

POLIZEILICHE KRIMINALSTATISTIK (PKS) 2023, Bundesministerium des Innern, Berlin 2024

POSTERT, André: Kinderspiel, Glücksspiel, Kriegsspiel: Große Geschichte in kleinen Dingen 1900-1945, München 2018

PREUSS, Julian: Ahaus zahlt Wettbürosteuern zurück. Gerichtsentscheidung wird teuer für die Stadt, 12.02.2023, link: www.muensterlandzeitung.de/ahaus/ahaus-zahlt-wettbuerosteuern-zurueck-ein-teures-unterfangen-w692994-9000702690/

QUANTSCHNIG, Bettina: Spielsucht – was macht süchtig?, in: SPECTRUM Psychiatrie 2/2012, link: www.medmedia.at/spectrum-psychiatrie/spielsucht-was-macht-suchtig/

RADANT, Susan: Rotlichtmilieu: Kultursoziologische Perspektiven auf Spielhallen und Sexangebote, Bielefeld 2024

RAPE, Stephan: Retro Nerds machen Ahaus zu Videospiel-Mekka. Ahaus ist um eine Attraktion reicher, 26.02.2024, link: www.wn.de/muensterland/kreis-borken/alstaette/flipper-arcades-und-konsolen-retro-nerds-machen-ahaus-zu-videospiel-mekka-2927831?pid=true

RAUSCHERT, Christian et al.: The use of psychoactive substances in Germany. Findings from the Epidemiological Survey of Substance Abuse 2021, p. 527-534, in: Deutsches Ärzteblatt International, 119/2022

REICHERTZ, Jo; NIEDERBACHER, Arne; MÖLL, Gerd; GOTHE, Miriam; HITZLER, Ronald: Jackpot. Erkundungen zur Kultur der Spielhallen, Wiesbaden 2010 (2. Auflage)

SAX, Monika/WDR: Spielautomaten. Eine Zeitreise durch die Welt der Automaten, 05.05.2020, link: www.planet-wissen.de/gesellschaft/krankheiten/gluecksspielsucht_aus_spiel_wird_ernst/spielsucht-116.html

SCHÜLLER, Katharina: Qualitätsanforderungen an Studien zur Ableitung von Regulierungsmaßnahmen: Kritische Evaluation des Glücksspiel-Surveys 2021, München 2023

SCHÜTZE, Christian; KALKE, Jens; MÖLLER, Veronika; TUROWSKI, Tobias; HAYER, Tobias: Glücksspielatlas 2023: Zahlen, Daten, Fakten. Institut für interdisziplinäre Sucht- und Drogenforschung, Deutsche Hauptstelle für Suchtfragen, Arbeitseinheit Glücksspielforschung der Universität Bremen, Hamburg, Hamm, Bremen 2023

SCHULTE-DERNE, Frank; HANSJÜRGENS, Rita; DICKENHORST, Ulrike; TÖNSING, Conrad: Suchtrehabilitation ist mehr als Psychotherapie. Zur Bedeutung Sozialer Arbeit in der Rehabilitation Abhängigkeitskranker, 2017, link: www.konturen.de/fachbeitraege/suchtrehabilitation-ist-mehr-als-psychotherapie/

SCHULZE, Gerhard: Die Erlebnisgesellschaft. Kultursoziologie der Gegenwart, Frankfurt/M. 1993

SCHWARK, Jürgen: Kirmes. Kommunale Veranstaltungen eines populären Vergnügens, Norderstedt 2021

SEIBER, Mark: Die Geschichte der Spielautomaten, 06.08.2024, link: www.onlinecasinosdeutschland.com/spielautomaten/geschichte/

SOMMERFELD, Peter: Soziale Arbeit als massgebliche Kraft in der interprofessionellen Suchthilfe?, S. 279-302, in: Krebs, Marcel; Mäder, Roger; Mezzera, Tanya (Hrsg.): Soziale Arbeit und Sucht. Eine Bestandesaufnahme aus der Praxis, Wiesbaden 2021

SOUKUP, Jens; SCHMALE, Martin: Das Suchtrisiko bei Medizinern. Sind wir Anästhesisten besonders gefährdet?, S. 286-295, in: Anästh Intensivmed 50:2009

SPAHN, Jens, 16.12.2023, link: www.noz.de/deutschland-welt/politik/artikel/jens-spahn-haelt-deutschland-fuer-freizeitpark-und-will-buergergeld-reformieren-46111235

SPÄTH, Lothar: Die Freizeitgesellschaft muss mehr arbeiten, 09.07.2003, in: Handelsblatt

STATISTISCHES LANDESAMT IT.NRW; Stichtag 30. Juni 2023

SÜDDEUTSCHE ZEITUNG/DPA: Städte gegen Geldspielautomaten in Kneipen und Spielhallen, 04.11.2013, link: www.sueddeutsche.de/politik/kommunen-staedte-gegen-geldspielautomaten-in-kneipen-und-spielhallen-dpa.urn-newsml-dpa-com-20090101-131104-99-00561

SUTTON-SMITH, Brian: The Ambiguity of Play, Cambridge 1997

TRÜMPER, Jürgen; HEIMANN, Christiane: Angebotsstruktur der Spielhallen und Geldspielgeräte in Deutschland, Unna 2014

TRÜMPER, Jürgen: Erweiterte Einblicke in den illegalen Glücksspielmarkt 2022 (Verband der Deutschen Automatenindustrie - Verlags- und Messegesellschaft), Berlin 2023

VANDREIER, Christoph: Wer braucht Sucht? Zur Relevanz von Wulffs Thesen für eine subjektorientierte Drogenhilfe, S. 131-154, in: Weber, Klaus (Hrsg.): Sucht, Hamburg 2011

VANDREIER, Christoph: Drogenkonsum als begründete Handlung: Eine partizipative Studie zu den Gründen für problematischen Drogenkonsum, subjektiven Drogentheorien und ihrer Vermitteltheit mit den Lebensbedingungen der Betroffenen, Aachen 2025 (2. Aufl.)

VOLLMER, Lars: Mehr als Sportergebnisse: Die skurrilsten Wetten bei Buchmachern, 17.01.2024, link: www.betrugs-test.com/magazin/skurrile-wetten-bei-buchmachern.html

WEBER, Max: Die protestantische Ethik und der „Geist" des Kapitalismus, Ditzingen 2017 (erstmals 1920)

WEILER, Julia: Sauberes Geld aus der Casino-Wäscherei?, 08.12.2017, link: www.news.rub.de/wissenschaft/2017-12-08-jura-sauberes-geld-aus-der-casino-waescherei

WÖHR, Andrea; WUKETICH, Marius (Hrsg.): Multidisziplinäre Betrachtung des vielschichtigen Phänomens

Glücksspiel. Festschrift zu Ehren des 65. Geburtstags von Prof. Dr. Tilman Becker, Wiesbaden 2019

WOLTER, Andreas; KUNST, Burkhard (Regie): Zocken statt Sozialismus - Glücksspiel in der DDR, Reportage 43 min. MDR 28.12.2008, link: www.youtube.com/watch?v=v5Asptau-G8

WULFF, Erich: Thesen zur Sucht, S. 85-100, in: Weber, Klaus (Hrsg.): Sucht, Hamburg 2011 (erstm. in: Sozialpsychiatrische Informationen 01/1997)

ZELTNER, Günther: Zielkonflikte und ethische Aspekte beim Glücksspiel und in der Kooperation mit Glücksspielanbietern, S. 93-111, in: Wöhr, Andrea; Wuketich, Marius (Hrsg.): Multidisziplinäre Betrachtung des vielschichtigen Phänomens Glücksspiel. Festschrift zu Ehren des 65. Geburtstags von Prof. Dr. Tilman Becker, Wiesbaden 2019

www.alte-spielautomaten.de

www.americanhistory.si.edu/collections/object/nmah_689012

www.baberlin.de/nachrichtenleser/ergebnisse-des-betriebsvergleichs-der-unterhaltungsautomaten-unternehmen-fuer-das-jahr-2019.html

www.betrugstest.com

www.cdu-fraktion-duisburg.de/artikel/abschaffung-der-vergnuegungssteuer-auf-tanzveranstaltungen-duisburg-fraktionen-von-spd-und

www.deutsches-automatenmuseum.de

www.donaukurier.de /archiv/leichtes-spiel-fuer-bare-muenze-3902875

www.druckluftthaus.de/jugend/

www.fachverband-spielhallen.de/wer-sind-wir/unsere-themen/

www.flipperverein.de

www.freddys-pinball-paradise.de

www.gamblebase.com/gluecksspielstaatsvertrag-in-der-kritik-
2500-politiker-zu-missstaenden-befragt/
www.gelsenkirchen.de/de/_meta/buergerservice/667-vergnu-
egungssteuer
www.gesetze-im-internet.de/spielv/index.html
www.invidis.de/2018/07/sportentertainment-der-unbe-
merkte-wandel-von-sportwettbueros-in-display-paradiese/
www.isa-guide.de/isa-spielerschutz/articles/278647.html
www.jugendkulturen.de
www.lcautomaten.de/leistungen/
www.lcautomaten.de/leistungen/spielautomaten-abrechnung/
www.mettmann.de, Rat beschließt Anhebung der Vergnügungssteuer für Spielhallen, 29.03.2023
www.multiball.de
www.pinball4fun.de
www.recht.nrw.de
www.retronerds-muensterland.de/nerds
www.soziokultur-nrw.de/ueber-uns/mitglieder/
www.sportwettenvergleich.net/tipico-shops-in-deutschland/
www.tagesschau.de/inland/innenpolitik/gluecksspielatlas-bi-
lanz-100.html
www.thevintagenews.com/2023/02/08/pearl-harbor-pinball/
www.uwe-dorendorf.de/news/lokal/146/Explosion-illegaler-
Gluecksspielaktivitaeten.html.
www.youtube.com/watch?v=9iSFJaSmvps
www.zeitschrift-suburban.de

12 Anhang

Anhang 1: Satzung über die Erhebung von Vergnügungs-steuer in der Stadt Bocholt (Auszug)

Satzung über die Erhebung von Vergnügungssteuer

in der Stadt Bocholt

vom 31.10.2007, in Kraft getreten am 01.01.2005

letzte Änderung 19.12.2022

Stadt Bocholt
Der Bürgermeister
Kaiser-Wilhelm-Straße 52-58
46395 Bocholt

Stand: 19.12.2022

I. Allgemeine Bestimmungen

§1 Steuergegenstand

Der Besteuerung unterliegen die im Gebiet der Stadt veranstalteten nachfolgenden Vergnügungen (Veranstaltungen) gewerblicher Art:

1. Tanzveranstaltungen einschließlich Veranstaltungen, die Tanz ermöglichen;
2. Schönheitstänze (z. B. Striptease, Peepshows, Tabledance) und Darbietungen ähnlicher Art;
3. Sex- und Erotikmessen;
4. Filmveranstaltungen und –vorführungen sowie jede ähnliche mit technischen Hilfsmitteln erzeugte oder wiedergegebene Darstellung von pornografischen und ähnlichen Filmen oder Bildern;
5. Ausspielungen von Geld oder Gegenständen in Spielklubs, Spielkasinos und ähnlichen Einrichtungen;
6. Benutzung von Spiel-, Musik-, Geschicklichkeits-, Unterhaltungs-, Warenspiel- oder ähnlichen Apparaten

a) in Spielhallen oder ähnlichen Unternehme,
b) an sonstigen Orten wie Gastwirtschaften, Beherbergungsbetrieben, Vereins-, Kantinen- oder ähnlichen Räumen sowie an anderen für jeden zugänglichen Ort.

Als Spielapparate gelten auch Personalcomputer, die aufgrund ihrer Ausstattung zum individuellen Spielen oder gemeinsamen Spielen in Netzwerken oder zum Spielen über das Internet verwendet werden können, sofern sie in Spielhallen aufgestellt sind; an anderen Aufstellorten kommt es auf die tatsächliche Nutzung an. Die Besteuerung kommt nicht in Betracht, wenn der Apparat ausschließlich zur Informationsbeschaffung oder für die Aus- bzw. Weiterbildung eingesetzt wird.

Ferner zählen zu den Spielapparaten Punktespielgeräte (z. B. Touchscreen-Geräte, Fun-Games), Bildschirmspielgeräte, TV-Komplettgeräte (z. B. Videospiele, Simulatoren), Flipper, multifunktionale Geräte (Infotainment-Terminals, Sportinfo-Terminals) und ähnliche Geräte.

§3 Besteuerung von Apparaten
(Benutzung von Spiel-, Musik-, Geschicklichkeits-, Unterhaltungs-, Warenspiel- oder ähnlichen Apparaten)

(1) Bei Vergnügungen nach § 1 Nr. 6 (Benutzung von Spiel-, Musik-, Geschicklichkeits-, Unterhaltungs-, Warenspiel- oder ähnlichen Apparaten) bemisst sich die Steuer bei Apparaten mit Gewinnmöglichkeit und manipulationssicherem Zählwerk nach dem Spieleinsatz einschließlich der eingesetzten Gewinne (Spieleraufwand) eines jeden Monats des einzelnen Apparats.

Für Apparate ohne Gewinnmöglichkeit bemisst sich die Steuer nach deren Anzahl und Dauer der Aufstellung.

(2) Die Steuer beträgt je Apparat und angefangenen Kalendermonat

1. in Spielhallen oder ähnlichen Unternehmen (§ 1 Nr. 6a) bei
a) Apparaten mit Gewinnmöglichkeit 5,0 v. H. des Spieleinsatzes mindestens jedoch 40,00 Euro,
b) Apparaten ohne Gewinnmöglichkeit 50,00 Euro.
2. in Gastwirtschaften und sonstigen Orten (§ 1 Nr. 6b) bei
a) Apparaten mit Gewinnmöglichkeit 5,0 v. H. des Spieleinsatzes, mindestens jedoch 20,00 Euro,
b) Apparaten ohne Gewinnmöglichkeit 30,00 Euro.
3. unabhängig vom Aufstellort bei der Aufstellung
a) von Personalcomputern ohne Multimediaausstattung 15,00 Euro,
b) von Personalcomputern mit Multimediaausstattung (z. B. Joystick, Soundkarte, Soundboxen-/vorinstallierten Spielen) 20,00 Euro,
4. unabhängig vom Aufstellort für Apparate, mit denen Gewalttätigkeiten gegen Menschen und/oder Tiere, Verherrlichung oder Verharmlosung des Krieges, pornografische oder die Würde des Menschen verletzende Praktiken und Ähnliches dargestellt werden, 500,00 Euro.
Bei entsprechenden Spielapparaten mit Gewinnmöglichkeit beträgt der Steuersatz – unabhängig vom Aufstellort 5,0 Prozent des Spielumsatzes, mindestens jedoch 500,00 Euro.

Anhang 2: Pressemitteilung Bundesverwaltungsgericht

Bundesverwaltungsgericht

(https://www.bverwg.de)

Pressemitteilung

Nr. 58/2022 vom 20.09.2022

Gemeinden dürfen keine Wettbürosteuer erheben

Das Bundesverwaltungsgericht in Leipzig hat heute in drei Verfahren entschieden, dass die Erhebung einer kommunalen Wettbürosteuer unzulässig ist.

Geklagt hatten jeweils Unternehmen, die auf dem Gebiet der Stadt Dortmund Wettbüros betrieben. Die Klägerinnen vermittelten die in den Wettbüros angebotenen Renn- und Sportwetten, eine Klägerin veranstaltete auch selbst Pferdewetten als Buchmacherin.

Die beklagte Stadt Dortmund erhebt seit dem Jahr 2014 eine kommunale Wettbürosteuer als örtliche Aufwandsteuer. Besteuert wird der Aufwand für die Teilnahme an Pferde- und Sportwetten in Wettbüros, bei denen es sich nach der Steuersatzung um Einrichtungen handelt, die wie im Fall der Klägerinnen neben der Annahme von Wettscheinen auch das Mitverfolgen der Wettereignisse an Monitoren ermöglichen. Dabei soll die vom Betreiber des Wettbüros geschuldete Steuer auf die Wettkunden abgewälzt werden.

Das Bundesverwaltungsgericht hatte im Jahr 2017 zur Wettbürosteuersatzung der Stadt Dortmund entschieden, dass eine Wettbürosteuer jedenfalls nicht nach der Fläche des Wettbüros bemessen werden darf. Daraufhin änderte die Stadt rückwirkend ihre Satzung und legte nunmehr den Brutto-Wetteinsatz als Steuermaßstab fest; der Steuersatz beträgt 3 %. Die Klagen gegen die auf dieser Grundlage ergangenen Steuerbescheide wiesen die Vorinstanzen ab. Das Oberverwaltungsgericht Münster ließ jedoch jeweils die Revision zur Klärung der Frage zu, ob die Erhebung einer Wettbürosteuer nach der Satzungsänderung wegen Gleichartigkeit zu bundesrechtlich geregelten Steuern im Rennwett- und Lotteriegesetz gesperrt ist. Diese betragen jeweils 5 % des Wetteinsatzes.

Der Senat hat die Revisionsverfahren im Hinblick auf die zu erwartende Entscheidung des Bundesverfassungsgerichts über die Zulässigkeit einer kommunalen Übernachtungssteuer zunächst ausgesetzt. Auf der Grundlage des Beschlusses des Bundesverfassungsgerichts vom 22. März 2022 (1 BvR 2868/15 u.a.) ist das Bundesverwaltungsgericht nunmehr zu dem Ergebnis gekommen, dass die Erhebung einer (zusätzlichen) kommunalen Wettbürosteuer nicht zulässig ist, weil sie den bundesrechtlich im Rennwett- und Lotteriegesetz geregelten Steuern (Rennwetten- und Sportwettensteuer) gleichartig ist. Bei diesen Steuern handelt es sich um spezielle Bundessteuern, die die Erhebung einer örtlichen Aufwandsteuer für denselben Gegenstand ausschließen.

Texte zur kommunalen Freizeit und Sportkultur

Herausgegeben von
Prof. Dr. habil. Jürgen Schwark
Sport-, Freizeit- und Kulturmanagement
Westfälische Hochschule, Standort Bocholt

Band 10:
Schwark, J.; Thurm, P.; da Cruz, N.: Spielhallen und Wettbüros.
Die „schwarzen Schafe" der Stadtkultur, Norderstedt 2025

Band 9:
Schwark, J.: Kirmes. Kommunale Veranstaltungen eines populären
Vergnügens, Norderstedt 2021

Band 8:
Schwark, J.: Mehr als eine Zweckgemeinschaft.
Die kulturellen Aktivitäten zwischen Hochschule und Stadt,
Bocholt 2014 (zugleich Bocholter Hochschulschriften Band 13)

Band 7:
Schwark, J.; Menning, M.: Regionalökonomische Effekte der
Duisburger Veranstaltungsstätten, Bocholt 2011
(zugleich Bocholter Hochschulschriften Band 12)

Band 6:
Schwark, J.: Städteranking Sportgroßveranstaltungen, Bocholt 2009
(zugleich Bocholter Hochschulschriften Band 11)

Band 5:
Schwark, J.; Bettray, S.; Grothe, M.: Kunst und Tourismus.
Die Skulptur-Biennale Münsterland – Kreis Borken 2005, Bocholt
2007

Band 4:
Schwark, J.: Wirtschaftliche Effekte der FIFA Fußball-WM 2006
in Duisburg, Bocholt 2006

Band 3:
Schwark, J.: Gutachten zur weiteren Nutzung des
Schiffshebewerkes Magdeburg-Rothensee, Bocholt 2006

Band 2:
Schwark, J.: Wirtschaftliche Bedeutung des UEFA Champions
League Finals 2004 Gelsenkirchen/Schalke, Bocholt 2004

Band 1:
Schwark, J.: Ökonomische Bedeutung des Sporttourismus
im Westmünsterland, Bocholt 2004
(zugleich Bocholter Hochschulschriften Band 8)

Kontakt: juergen.schwark@w-hs.de